Für

Josuha, Mara, Inge, Therese und meine Frau Danielle

Bibliografische Information der Deutschen Nationalbibliothek:
Die Deutsche Nationalbibliothek verzeichnet diese Publikation in der Deutschen
Nationalbibliografie; detaillierte bibliografische Daten sind im Internet über
dnb.dnb.de abrufbar.

2. Auflage

© 2021 H. Stümges
Umschlaggestaltung, Herstellung und Verlag: BoD – Books on Demand, Norderstedt
ISBN 978-3-7557-8658-0

Inhaltsverzeichnis

Bewusstsein

Psyche, Seele und Geist

Prolog

Das Geheimnis, man kann auch sagen das Mysterium des Bewusstseins gilt für eine große Anzahl – darunter Neurologen und Philosophen – als das größte Rätsel überhaupt. Für uns ist es die äußerste Grenze menschlichen Strebens nach Erkenntnis. Psyche, Seele und Geist sind im Prinzip gleichbedeutend, aber was bedeuten all diese Begriffe eigentlich genau, oder welche Interpretationen sind möglich oder auch denkbar?

»Bewusstsein (lat. conscientia: Mitwissen, bei Sinnen sein, denken) ist im weiteren Sinne die erfahrbare Existenz geistiger Zustände und Prozesse. Der Begriff ›Bewusstsein‹ hat im Sprachgebrauch sehr unterschiedliche Bedeutungen, die sich teilweise mit den Bedeutungen von Psyche, Seele und Geist deckt.«
Quelle: https://wirtschaftslexikon.gabler.de/definition/bewusstsein-53394 abgerufen am 18.08.2021

Die aktuelle Wissenschaft hat über die Begriffe Bewusstsein, Psyche/Seele und Geist neue Denkansätze. Sie geben Anlass zu möglichen neuen beziehungsweise veränderten Gedankengängen.

Bewusstsein

Zitat

Wissen kann man mitteilen, Weisheit aber nicht.
Man kann sie finden, man kann sie leben, man
kann von ihr getragen werden, man kann mit ihr
Wunder tun, aber sagen und lehren kann man sie
nicht.

Hermann Hesse, »Siddhartha«.

Quelle: http://www.worte-projekt.de/hesse.html

Bewusstseinsebenen:

Unser Bewusstsein besteht aus geistigen Inhalten, welche uns unmittelbar zugänglich sind.

Vorbewusst werden psychische Prozesse, geistige Abläufe, Operationen angewendet, »*die dem aktuellen Bewusstsein entgehen und im Wesentlichen an das Ich gebunden sind, zu dessen unbewussten Anteilen sie gehören, ohne gänzlich unbewusst zu sein*«. [01]

Unser Vorbewusstsein enthält Erinnerungen, welche aus der Vergangenheit in unserem Bewusstsein unbemerkt vorhanden – und zu jeder Zeit reproduzierbar sind.

Unser Unterbewusstsein (unbewusst) – hier sind die geistigen Inhalte sozusagen eingelagert, die uns jedoch nicht offenbar werden – trotzdem unser Denken, Fühlen und Handeln manchmal gar stark beeinflussen –. [1]

Der Philosoph René Descartes zur Person:
Geburt: 31. März 1596 in La Haye en Touraine
Tod: 11. Februar 1650 in Stockholm
Erreichtes Lebensalter: 53 Jahre
Eltern: Joachim Descartes, Jeanne Brochard
Nationalität: Frankreich
Ausbildung: Universität Poitiers
Beruf: Mathematiker, Philosoph, Naturwissenschaftler
Werke: u.a. Discours de la méthode (1637), Les Passions de l'âme (1649), De homine (1662)
Familie: Beziehung zu Helena Jans van der Strom; ein Kind

Auszeichnungen: / Einflüsse: Thomas von Aquin, Aristoteles, Platon, Seneca)

Was genau verstand der Philosoph René Descartes unter dem Begriff Bewusstsein, auch aus philosophischer Sicht?

Er war der Überzeugung, dass das Gehirn als oberste Instanz den Körper steuert. Er vertrat die Theorie von Leib und Seele als getrennte Einheiten. Und prägte so, wie wir bis heute über Geist und Körper denken. [2]

Wann wurde der Begriff Bewusstsein als philosophischer Terminus zum ersten Mal verwendet?

Als festgelegte Bezeichnung wird »Bewusstsein« erstmals von Christian Wolff (* 24. Januar 1679 in Breslau; † 9. April 1754 in Halle), ab 1745 Freiherr von Wolff verwendet. Chr. Wolff war ein deutscher Universalgelehrter, Jurist und Mathematiker sowie einer der wichtigsten Philosophen für die Aufklärung zwischen Leibniz und Kant. Durch Christian Wolff wird die Form des Bewusstseins als das Vorstellen von Gegenständen erläutert. Die Ausführungen »Descartes« für diesen Begriff sind bis in die heutige Zeit reichende Diskussion absolut bestimmend.

»Als absoluter Oberbegriff steht Bewusstsein für Verstehen, Fühlen, Wollen, Einbilden, und Zweifel. Hierunter lassen sich alle erdenklichen Formen der Aufmerksamkeit sowie des Erlebens eingliedern, einreihen, zuordnen und unterordnen. Durch Diese Formen des Bewusstseins geht ebenso parallel eine sogenannte Form von reflexiven (zurückbeziehend; rückbezüglich) Wissen einher. Dies bedeutet, beim durchleben dieser Bewusstseinsweisen habe ich – als das vollziehende Subjekt – das begleitende Bewusstsein, dass ich es bin, der denkt. Es unterscheidet dabei das empirische (aus der Erfahrung, Beobachtung) von dem transzendentalen (überschreiten, vor

*jeder subjektiven Erfahrung liegend und die Erkenntnis der Gegenstände an sich erst ermöglichend) B. die Einheit des B. ist der Grund aller Gegenstandskonstitutionen. (körperliche Anlage und Verfassung sowie psychische Struktur des Menschen). Ohne diesen Bezug auf ein empirisches B. gäbe es die Vorstellung nicht. Andererseits hat alles empirische B. einen notwendigen Bezug auf transzendentales B. Es stellt den obersten einheitsstiftenden Bezugspunkt allen empirischen B.s dar. Die Notwendigkeit eines solchen Einheitspunktes begründet Kant mit dem Hinweis, dass alles Erkennen in der Verbindung einer Vielfalt von Vorstellungen zu einer Einheit bestehe. Diese einheitsstiftende Verbindung kann nicht dem Objekt entstammen, sondern muss einem von der rezeptiven Sinnlichkeit (›aufnehmend‹ oder ›empfangend‹.) – zur Anschauung gehört, dass ein Gegenstand gegeben ist. Die einzige Möglichkeit, mit deren Hilfe dem Menschen Gegenstände gegeben werden, liegt in der **rezeptiven Sinnlichkeit,** der Fähigkeit des Gemüts, durch das hinzutun von Gegenständen. Unter dem gesuchten obersten Prinzip aller Verbindungen Synthesis (Verbindung, Vereinigung) versteht Kant jene Verstandeshandlung, die allen Formen der Synthesis zugrunde liegt.*

Die Phänomenologie (Erscheinungslehre) als Erkenntniskritik macht es sich zur Aufgabe, diese konstituierenden Leistungen des B. in ihrer allgemeinen Struktur auszuweisen. Hierbei wird die intentionale Struktur des B. als Cogitatio (Denken) dargestellt. Insofern die transzendentale Phänomenologie auf die erkennende Subjektivität (mit Bewusstsein ausgestattetes, denkendes, erkennendes, handelndes Wesen; Ich) oder (Subjektivität = der Inbegriff dessen, was das Subjekt in seinem Sein ausmacht, seine Erfahrung und Befindlichkeit, sein Denken, Fühlen, Wünschen und Wollen...) als Urstätte aller objektiven Sinnbildungen und Seinsgeltungen zurückgeht, behandelt sie zugleich deren internationales Korrelat =

(Entsprechung, Gegenstück, Parallele, Pendant, Vergleich)
(Welt).« [3]

*»Der Begriff Bewusstsein aus philosophischer Sicht wurde
durch Ernst Alfred Cassirer (* 28. Juli 1874 in Breslau; † 13.
April 1945 in New York) ein deutscher Philosoph, wie folgt
gesehen. Er schreibt dazu:
Der Bewusstseinsbegriff scheint der eigentliche Proteus der
Philosophie zu sein. (bildungssprachlich allzu
wandlungsfähiger Mensch, der leicht seine Gesinnung ändert)
Er tritt in all ihren verschiedenen Problemgebieten auf? aber
er zeigt in keinem von ihnen dieselbe Gestalt., sondern ist in
einem unablässigen Bedeutungswandel begriffen.*

*Nicht zuletzt gilt dies in historischer Hinsicht, da der Begriff in
seiner heutigen Form noch relativ jung und die fremdsprachige
Zuordnung entsprechend schwierig ist. Das Wort Bewusstsein
bezeichnet im allgemeinen ein wesentliches <u>menschliches</u>
Grundphänomen, das durch zwei Pole charakterisiert ist.
Einmal sind es Gegenstände, Dinge, kurzum die Welt auf der
einen, Ich, Subjekt(ivität), das Selbst auf der anderen Seite. Die
Gegenstands- und Weltbezogenheit wird heute im allgemeinen
als Intentionalität, (philosophischer Begriff) bedeutet: ›Lehre
von der Ausrichtung aller psychischen Akte auf ein reales oder
ideales Ziel‹ sowie die Selbstbezogenheit als Reflexivität des
Selbst Bewusstseins bezeichnet. Der letzte Begriff stellt eine
Beziehung zum Gewissen her. Das Gewissen selbst wird im
Allgemeinen als eine besondere Instanz im menschlichen
Bewusstsein angesehen, welche bestimmt, wie man urteilen soll
und die anzeigt, ob eine Handlungsweise mit demjenigen
übereinstimmt beziehungsweise nicht übereinstimmt, was ein
Mensch als für sich richtig und stimmig ansieht. bedeutet:
(ethisch begründetes Bewusstsein von Gut und Böse).*

14

Das Substantiv selbst liegt in vier Schreibweisen vor: Bewusst sein, Bewusstsein, Bewusst-sein, bewusst Sein. Christian Wolff hat in seiner 1719 erschienenen Metaphysik bedeutet: ›philosophische Disziplin oder Lehre, die das hinter der sinnlich erfahrbaren, natürlichen Welt Liegende, die letzten Gründe und Zusammenhänge des Seins behandelt‹ (Vernünftige Gedanken von Gott, der Welt und der Seele des Menschen, auch allen Dingen überhaupt) das Substantiv geprägt, und zwar in der getrennten ersten und dann in der heute üblichen geschlossenen Schreibweise.« [4]

Was ist Bewusstsein?

Wenn Sie in der Lage sind, diese Worte zu lesen, so ist festzustellen, dass an der Existenz Ihres Bewusstseins keine Zweifel bestehen. Dennoch, was man unter Bewusstsein genau versteht beziehungsweise wie es mit unserem Gehirn zusammenhängt, ob es sich jemals neurobiologisch ganz erklären lässt, bleibt kontrovers.

Markus Gabriel »ist einer der weltweit bekanntesten Vertreter eines Neuen Realismus in der Philosophie, was ein wesentlicher Baustein seines Projekts einer Neuen Aufklärung ist. Mit nur 29 Jahren wurde er zum jüngsten Philosophieprofessor Deutschlands berufen. Seit 2009 hat er den Lehrstuhl für Erkenntnistheorie und Philosophie der Neuzeit an der Universität Bonn inne und ist Direktor des Internationalen Zentrums für Philosophie. Er ist zudem Direktor des *Center for Science and Thought,* mit dem er sich um einen interdisziplinären Austausch von Philosophie und Naturwissenschaften bemüht, um produktive und nachhaltige Lösungen zu virulenten Fragestellungen unserer Gegenwart zu finden. Er war zu Gastprofessuren in Brasilien, Dänemark,

Frankreich, Italien, Japan, Portugal und den USA.« Quelle
https://markusgabriel.net/biographie

Laut Markus Gabriel, ist es ohne jeden Zweifel unbestritten,
dass man sich mit der anscheinenden Realität abgefunden hat,
dass der Mensch ein geistiges beziehungsweise bewusstes
Lebewesen ist – und dieses auch so führt. Diese Art von
Existenz ist verbunden mit einer geradezu unermesslichen
Anzahl an Rätseln beziehungsweise Fragen. All diese Rätsel
beziehungsweise Fragen konnten bisher nicht beantwortet
werden. Und genau mit diesem Problem beschäftigt sich die
Philosophie, die man auch in der heutigen Zeit die Philosophie
des Geistes nennt. Aufgrund des heutigen Wissensstandes ist
sie in der jetzigen Zeit viel bedeutsamer beziehungsweise
wesentlicher als jemals zuvor. [5]

Zitat

Ein Urteil ist die Vorstellung der Einheit des Bewusstseins verschiedener Vorstellungen, oder die Vorstellungen des Verhältnisses derselben, sofern sie einen Begriff ausmachen.

Immanuel Kant

Quelle https://zitatezumnachdenken.com/bewusstsein?page=5

Was verstehen wir unter Naturalismus?

Der Naturalismus ist der Auffassung, dass die Welt als ein rein von der Natur gegebenes Geschehen zu begreifen ist. Diese Annahme, die oft auch durch den Spruch »Alles ist Natur« pointiert wird, lässt für sich genommen offen, wie der Begriff der Natur zu umgrenzen ist. [6]

Laut Markus Gabriel (2019) geht der Naturalismus von der Grundlage aus, dass sich alles naturwissenschaftlich beleuchten, betrachten, beobachten und nachforschen beziehungsweise analysieren lässt, was es überhaupt gibt. Der Naturalismus ist genau genommen philosophisch die Position des 20. Jahrhunderts, wonach verlässliche Erkenntnisse darüber, was existiert und wie die Welt beschaffen ist, nur auf naturwissenschaftlichem Wege zu gewinnen sind. Die Erfolge der heutigen modernen Naturwissenschaften sind aber auch die Gründe für ein großes Verlangen sowie die Beachtung und der Hang für ein einheitliches Weltbild.

Wie wird unser Bewusstsein aus der heutigen Sicht gesehen? Bis zum heutigen Tage lässt sich unser Bewusstsein nicht wissenschaftlich erklären. Ganz abgesehen davon, wie dies überhaupt möglich sein könnte?

In diesem Zusammenhang taucht die Frage auf, was ist der Antinaturalismus:

Der Antinaturalismus argumentiert hingegen, dass nicht alles, was existent ist, auch in der Realität untersuchbar beziehungsweise materiell ist.

Stellen Sie sich vor: Sie hegen Gefühle einem andern gegenüber – weil Sie ihn lieben. Aus diesem Grund passen Sie Ihr Verhalten ihm gegenüber an. Hier kann man nicht

behaupten, dass diese Art der Gefühle materiell ist
beziehungsweise sei.

Ausschlaggebend, in jeder Hinsicht, ist aber auch, dass man
nicht derjenige wäre, ohne dass man einen geeigneten Körper
beziehungsweise Leib sein Eigen nennt.

In der heutigen Zeit ist es durchaus möglich, ein aktives,
lebendiges Gehirn durch die Verwendung von
computergenerierten Modellen zu visualisieren. Dieses
geschieht allerdings zeitgleich. Es ist dabei nicht notwendig, in
das Gehirn massiv einzuwirken – ja sie ist nicht mal invasiv
(invasiv, lateinisch invadere: »einfallen, eindringen«), bedeutet
»eindringend« und kann sich beziehen auf gewebsverletzende
medizinische Diagnostik oder Therapeutik. Ansonsten sind
Denkprozesse einfach nicht sichtbar. Gegebenenfalls kann man
bestimmte Hirnareale als Voraussetzung für Denkprozesse
halten beziehungsweise ansehen.

Wie ist es möglich ein Gehirn zu untersuchen. Eine
Möglichkeit ist die Magnetresonanztomographie – auch MRT
genannt. Dieses Verfahren ist in der Lage, durch Magnetfelder
sowie Radiowellen Schnittbilder Ihres Körpers zu erzeugen.
Alle Weichteilgewebe, wie Gehirn oder innere Organe, sind in
Bildern gut darzustellen. Eines lässt dieser medizinische
Fortschritt, welcher auch mit einem Versprechen verbunden ist,
nicht zu, es ist die Zusage, das Denken sichtbar zu machen.
Genau das ist es, was sich nicht einlösen lässt.

Wir verstehen unter dem Begriff Denken das bewusste Haben
von Gedanken. Dabei muss man wissen, dass Gedanken viel
mehr darstellen. Sie umspannen beziehungsweise umfassen
weit mehr als lediglich Hirnvorgänge, die durch bildgebende
Verfahren sichtbar gemacht werden können. <u>Es ist allerdings
nicht möglich, das Denken auf ein bildgebendes Verfahren
sichtbar zu machen!</u>

Der Naturalismus, einfach formuliert, vertritt die Auffassung, dass unser Universum beziehungsweise unsere Welt, so wie wir sie bisher verstehen, als ein von der Natur gegebenes Geschehen anzusehen beziehungsweise zu verstehen ist.

Der Antinaturalismus hingegen ist die völlige Abkehr vom Realismus. Diese nicht gerade kleine Anzahl von Menschen lehnt die Darstellung der Realität der Naturalisten ab. Sie wendet sich stattdessen hin zu einer existierenden Seele und Geist. Diese nicht gerade kleine Anzahl von Menschen, lehnt die Darstellung der Wirklichkeit der Naturalisten ab. Sie wendet sich stattdessen hin zu einer existierenden Seele und Geist, auch in der Materie. Komme später noch ausführlich darauf zurück.

In Bezug auf den Naturalismus und den Antinaturalismus laut Markus Gabriel heißt es: *»die Frage, ob der Naturalismus oder der Antinaturalismus letztendlich Recht behält, ist nicht entscheidend für die akademische Fachdisziplin namens Philosophie beziehungsweise für das Verhältnis von Natur- und Geisteswissenschaften zueinander von Bedeutung. Denn – sie betrifft uns alle –. Gerade in einem Zeitalter, einer von vielen beobachteten Rückkehr der Religion, welche diese mit Fug und Recht als Bastion des immateriellen angesehen wird. Ignoriert man aber die immaterielle Wirklichkeit allzu voreilig – wie der Naturalismus unserer Zeit –, ist man am Ende nicht einmal mehr imstande, die Religion zu verstehen, da man sie von vornherein gleich als eine Art Aberglaube oder Spukgeschichte ansieht. Es scheint Defizite in der Vorstellung zu geben, wir könnten alle zwischenmenschlichen Prozesse über naturwissenschaftliche, technologische und ökonomische Fortschritte verstehen und durch ein solches Verständnis unter Kontrolle bringen.«* Zitat Ende. [7]

Ich glaube, dass es eh keine Weltbilder gibt, welche irgendwie in einem Zusammenhang zueinander stehen beziehungsweise einen Zusammenhang haben. Auch die Religion ist ebenso wenig identisch mit Aberglauben, wie die allgemeine Wissenschaft identisch mit der Aufklärung ist. [8]

Um nochmals darauf zurückzukommen. Es gibt ein grundlegendes Problem für Neurowissenschaftler, es ist ihnen letztendlich <u>nur</u> möglich die Aktivitäten eines Gehirns zu messen. Völlig unmöglich ist es ihnen jedoch, die Inhalte des Denkens zu messen.

Nehmen wir einen Versuchsprobanden, welcher denkt und fühlt. Was er aber genau denkt und fühlt, kann nur er selbst uns mitteilen. Nehmen wir also einen Neurowissenschaftler, der Gehirne erforscht. Er möchte erfahren, was sein Proband bei bestimmten Aktivitäten in seinem Bewusstsein auf- beziehungsweise wahrnimmt. Hierzu besteht nur eine Möglichkeit, nämlich die, dass er ihn dazu befragen muss, was der Proband in diesem Moment empfindet. Warum muss er ihn befragen, weil nur der Proband, den Zugang zu seinem Bewusstsein hat und ihm sagen kann, was er denkt beziehungsweise was er fühlt. Der Neurowissenschaftler erhält weder durch wissenschaftlichen Methoden noch durch irgendwelche Messgeräte einen Zugang zum Bewusstsein. Der einzige Zugang zum Bewusstsein findet über das sogenannte Ich beziehungsweise die Erlebnisperspektive statt. Die persönliche Wahrnehmung ist individuell und nur bei jedem einzelnen Menschen vorhanden. Kein anderer Mensch hat dazu einen Zugang. Die persönliche Wahrnehmung als solches ist ein <u>Vorgang in mir selbst</u>.

Unser menschliches Bewusstsein ist nur schwer definierbar. Im Grunde unterscheidet es uns auch von anderen Spezies. Das menschliche Gehirn besitzt eine Art von interner Reflexion.

Sind wir in der Lage, auf einem Computer all unsere Erinnerungen, alles, was wir lieben, für immer zu erhalten? Leider nicht – da es unmöglich ist, das Gehirn vom Körper zu trennen. Die Methode »Frankenstein« ist in der Realität nicht durchführbar. Man kann das Bewusstsein einfach nicht auf einen Computer übertragen. Es gibt viele Gründe dafür. Einer davon ist, dass die Menschen sehr unterschiedlich sind und es dafür keinen einheitlichen mathematischen Algorithmus gibt. Es steckt einfach mehr dahinter als nur der Aufbau eines Gehirns. Offensichtlich gibt es wohl nur eine einzigartige Kombination, welche man eben nicht durch Einsen und Nullen ersetzen kann. Dadurch ist es durchaus vorstellbar, dass unser Bewusstsein weit über den Körper hinausreicht.

Gibt es ein Bewusstsein bei Tieren?

Das Bewusstsein des Menschen ist nicht zu vergleichen mit dem »Bewusstsein« bei einigen Tieren. Das Bewusstsein des Menschen ist deutlich komplexer und tiefer ausgeprägt. Hingegen existiert bei Tieren lediglich wohl ein begrenztes »Bewusstsein«.

Ob tatsächlich ein Bewusstsein bei Tieren vorhanden ist, wird seit Jahrzehnten mittels eines Spiegeltests erforscht. Beispielsweise ziehen Affen Grimassen, wenn sie ihr Spiegelbild erblicken, hingegen Hunde achtlos daran vorbeigehen. Die Frage ist, was genau sehen Tiere, wenn sie in ihr Spiegelbild blicken. Um das herauszufinden, wird in der Regel eine Farbmarkierung im Gesicht des Tieres angebracht, welche nur durch den Blick in den Spiegel wahrgenommen werden kann. Versucht das Tier die im Gesicht aufgemalte Farbmarkierung loszuwerden, so kann man davon ausgehen, dass sich das Tier selbst erkannt hat. Einige Tiere also besitzen kognitive Fähigkeiten, sich selbst wahrzunehmen. Im Übrigen bestehen Kinder diesen Test erst mit etwa 18 Monaten.

Welche Tiere besitzen wohl ein Bewusstsein?

Schimpansen, Orang-Utans, Rhesusaffen, Schweine, Elefanten, Delfine und auch diverse Rabenvögel können sich im Spiegeltest erkennen, was einer weit verbreiteten Auffassung zufolge ein mögliches Indiz für reflektierendes Bewusstsein sein kann. Jedoch machen die Testergebnisse an Tieren die Forscher zugleich auch skeptisch. Galt doch bisher der Spiegeltest als ein Vorhandensein eines Bewusstseins für das eigene Selbst. Doch der Putzerlippfisch zählt nicht zu denen, wie die vorstehend erwähnten Exemplare, welche die besondere kognitive Fähigkeiten besitzen.

Was ist denn also das Besondere an dem bestandenen
Spiegeltest eines Putzerfisches beziehungsweise wie ist dieser
Test zu deuten?
Wissenschaftler gehen davon aus, dass die Fische ihr
Spiegelbild zwar wahrnehmen, jedoch nicht verstehen, was es
bedeutet, und somit auch kein »Selbstbewusstsein« haben.
Ebenso kann auch bei anderen Tieren der Spiegel nicht als
Gradmesser für Bewusstsein gelten.
Beispielsweise verstehen Schweine das Prinzip des
Spiegeltests. Man versteckte Futter, welches nur mithilfe des
Spiegels gefunden werden konnte. Dieses Futter wurde dann
mittels des Spiegeltests durch die Tiere ausfindig gemacht.
Jedoch eine Farbmarkierung, welche man an ihrem Körper
angebracht hatte, bemerkten sie auch mithilfe ihres
Spiegelbildes nicht. Ähnlich ist es bei Hunden und Katzen.
Hunde gar ignorierten ihr Spiegelbild völlig oder griffen ihren
vermeintlichen Artgenossen an.

»Wie sich herausstellt, zeigen auch Lebewesen ohne jedes
Gehirn bis hinab zu den Einzellern scheinbar intelligente,
zielgerichtete Verhaltensweisen.«
»Kurz gesagt, haben einzellige Lebewesen mit einem Zellkern
einen geistlosen, unbewussten Willen, zu leben und so lange
für eine geeignete Regulation dieses Lebens zu sorgen, wie
bestimmte Gene es ihnen erlauben.«

»Mit anderen Worten: Weder ein ganzes Gehirn noch Einzeller
beabsichtigen mit ihrem Verhalten gezielt irgendetwas, aber
ihre Grundhaltung ist so, als wäre dies der Fall. Dies ist ein
Grund mehr, die intuitive Kluft zwischen mentaler und
physischer Welt zu leugnen. In diesem Punkt zumindest gibt es
sie sicher nicht.« Damasio 2013, div. Seiten.

Vergl. https://www.argumentarium.ch/philosophie/leib-seele/zitate/95-damasio-ueber-einzeller

Bis zum heutigen Tag ist noch nicht geklärt, welche Form
beziehungsweise welche biologische Zusammensetzung
vorliegen muss, damit einem Organismus berechtigterweise ein
Bewusstsein zugeschrieben werden kann.
Es handelt sich hierbei um eine äußerst wichtige Frage, da es
natürlich (neuro-)biologische Grundlagen sowie notwendige
Voraussetzungen des Bewusstseins gibt, über die wir leider
noch nicht genug wissen, um definitiv zu sagen, welche
Lebewesen nun wirklich bewusst sind.
Um hier eine belastbare Antwort zu finden, ist für Ethik und
Philosophie eine der wichtigsten Aufgaben der Neurobiologie.[9]

Die Verbundenheit mit unserem eigenen Bewusstsein.

Sie lesen gerade diesen Text, so bedeutet das, Sie denken mit,
haben Assoziationen zum Gelesenen oder lassen sich
zwischenzeitlich von ganz anderem ablenken? Dies geschieht
alles auf Ihrer Bühne Ihres persönlichen Bewusstseins.

Mit keinem Phänomen in unserem Universum sind wir derartig
innig verbunden wie mit unserem eigenen Bewusstsein. Das,
was uns als Mensch ausmacht, unsere jeweilige einzigartige
Individualität als Person, unsere komplexe Interaktion mit
unserer Umwelt, in der wir leben, wäre ohne unser
Bewusstsein nicht möglich – ja ausgeschlossen.

Sicherlich kennen Sie den Spruch von René Descartes: »Ich
denke, also bin ich.« In diesem Moment, wo Sie über diesen
Satz nachdenken, gibt es nichts in dieser Welt, dessen Sie so
gewiss sein können wie die Tatsache, dass Sie in diesem
Moment bei Bewusstsein sind. Alles andere kann man zunächst
in Zweifel ziehen. Der Philosoph Descartes meint, dass alle
Sinneseindrücke, Überzeugungen, Irrtümer, ja unsere ganze
Umwelt einer riesigen Täuschung unterliegen könnte.

»Unser Bewusstsein ist eine notwendige Voraussetzung dafür, dass wir Dingen in unserem Leben Bedeutung beimessen können. Wenn es aber ohne das Bewusstsein überhaupt nichts Wichtiges für uns geben würde, kann nichts wichtiger sein als das Bewusstsein selbst.« Zitat Ende. John Searle ist ein amerikanischer aktueller Philosoph, der diesen klaren und eindeutigen Satz geschrieben hat.

Für jeden von uns ist unser alltägliches Bewusstsein selbstverständlich, betrachtet man diesen Punkt aber genauer, so wird diese Angelegenheit sehr kompliziert. Beispielsweise der seit langem forschende Neurowissenschaftler Christof Koch nennt das Bewusstsein *»eins der rätselhaften Charakteristika des Universums«.* Seit Jahrhunderten zermartern sich die Philosophen das Hirn und beißen sich die Zähne zum Thema Bewusstsein aus. Bis zum heutigen Tag existiert darüber keine wissenschaftliche anerkannte Arbeit beziehungsweise Definition. Im normalem Gebrauch also in der Verwendung zeigt sich der Begriff Bewusstsein als vielschichtig beziehungsweise komplex. Für diesen Terminus existieren mannigfache Begriffe.

So kann sich der Begriff beispielsweise darauf beziehen:

– ob jemand bei vollem Bewusstsein ist oder eben nicht – etwa weil er gerade schläft,

– ob er unter Vollnarkose ist. Was geschieht dort mit unserem Bewusstsein, oder wenn man im Koma liegt?

Diese Zustände des Bewusstseins kann man neurobiologisch zumindest teilweise erklären.

Richtig kompliziert wird es, wenn sich das Bewusstsein auf eine Sache beziehungsweise einen Gegenstand, eine Person, eine Tatsache oder welches Objekt auch immer richtet:

Nehmen wir an, dass ein unangenehmer Geruch in der Luft liegt, dabei handelt es sich um einen höchst subjektiven geistigen Vorgang. Diese Vorstellung spielt sich alleine in meinem Kopf (Gehirn) ab. Menschen können nur etwas davon mitbekommen, wenn ich diese Situation – bewusst oder auch unbewusst, beispielsweise indem ich das Gesicht verziehe – kommuniziere.[10]

Wir Menschen setzen uns stets mit unserem Bewusstsein auseinander. Mal ist es das umweltbewusste Verhalten, mal sich bewusst zu ernähren oder bewusst gesund zu leben, dann wieder ganz bewusste Entscheidungen zu treffen etc. Ob unterbewusste Wahrnehmung oder unbewusste Fehler: Das B. bestimmt, wie der Mensch handelt, was er denkt beziehungsweise was er sagt. Aber auch, wie er andere Umgebungen wahrnimmt. Doch was versteht man unter B.? Warum bin Ich Ich? Beziehungsweise was ist B. eigentlich?

Gibt es eine allgemeingültige Form des Bewusstseins?

Wie können wir wissen, ob es eine allgemeingültige Form des Bewusstseins gibt? Der Neurophilosoph Stephan Schleim (ein deutscher Philosoph und Psychologe, ist Assoziierter Professor für Theorie und Geschichte der Psychologie an der niederländischen Universität Groningen. Seine Spezialgebiete sind die Theorie und praktische Anwendungen der Psychologie und Neurowissenschaften. In seiner Forschung zur Wissenschaftskommunikation untersucht er, wie Darstellungen der Hirnforschung akademische und gesellschaftliche Debatten beeinflussen) bezieht dies in seine Definition mit ein: »*Bewusste Erlebnisse sind erst einmal nur der Person oder dem Lebewesen zugänglich, die oder das sie hat. Und nur sie wüssten, wie sich die Erlebnisse anfühlen. Das bringe die Wissenschaft an Grenzen, denn Bewusstsein lasse sich von außen nicht sehen oder messen. Verhaltensbeobachtungen oder Messungen des Gehirns müssen wir interpretieren.«* Zitat Ende. Menschen nehmen Situationen unterschiedlich wahr und sind sich einer Handlung anders bewusst. Hieraus können dann Kommunikationsprobleme entstehen.

Tiere können keinen verneinenden Gedanken denken.

Wie bereits beschrieben, versuchen Forscher durch Tierexperimente herauszufinden, ob andere Lebewesen ein Bewusstsein haben. Hierzu wurde ein Spiegeltest entwickelt. Dabei werden Affen, Katzen, Hunden und anderen Tieren ein Spiegel vorgesetzt. Dabei wird geprüft, ob sie sich darin erkennen. Das Resultat ist: Einige Menschenaffen bestehen den Test. Jedoch bei Hunden und Katzen ist das eher nicht der Fall. *»Die Frage ist, ob diese Verhaltenstests wirklich das zeigen, was wir unter Bewusstsein verstehen«*, sagt Seng. Frau Leonie Seng, Bachelor-Studium »Philosophie, Neurowissenschaften und Kognition« in Magdeburg, Master-Studium »Philosophie« und »Ethik der Textkulturen« in Erlangen. Freie Kultur- und Wissenschaftsjournalistin.

Quelle: Vergl.: Hörfunk, Print, Online. Wissenschaftliche Mitarbeiterin, Abteilung Philosophie, Fachbereich Medienethik an der Pädagogischen Hochschule Ludwigsburg.

Der Neuropsychologe und Theologe Christian Hoppe stellt Bewusstsein und Denken in Verbindung und weist darauf hin, *»dass Tiere nach gewissen Kriterien zumindest letzteres nicht tun: Sie stellen keine Fragen, fragen nicht nach Gründen, können keinen verneinenden Gedanken denken«.* Zitat Ende.

Ausgerechnet der Mensch ist dazu in der Lage, was wohl kein anderes Wesen beherrscht. Arterhaltung und Überlebenstrieb könnten Gründe dafür sein. Es ermöglicht uns, über Themen wie das Universum, den Sinn des Lebens und den Tod oder auch das Bewusstsein zu diskutieren. [11]

Offen gestanden, die Wahrheit liegt wohl sehr viel tiefer.

»Zum Bewusstsein gehören Inhalte. Wo es Inhalte gibt, gibt es einen Raum, der sie enthält. Während die Inhalte des Bewusstseins in rascher Folge wechseln, sind Veränderungen des Raums, der die Basis des Bewusstseins bildet, träge.« Zitat Ende. [12]

Die Tätigkeit des Bewusstseins – wie schon beschrieben – bedeutet: Wenn Sie in der Lage sind, diese Worte beziehungsweise Zeilen zu lesen, dann bestehen an der Existenz Ihres Bewusstseins keine Zweifel. Jedoch – wie das Bewusstsein mit dem Gehirn zusammenhängt beziehungsweise ob es sich jemals neurobiologisch absolut erklären lässt, bleibt bis zum heutigen Tage umstritten. Ohne jeden Zweifel bleibt es ein durchaus komplexes Gebiet, ganz ohne fragwürdigen Beigeschmack. In der Frage beziehungsweise in der Überlegung nach dem Bewusstsein kristallisiert sich gewissermaßen das alte »Leib-Seele-Problem« heraus: Unsere materielle Welt, wie hängt sie mit der geistigen Welt zusammen beziehungsweise wie ist sie damit verbunden? [13]

Bewusstsein in Verbindung mit Traum und Wirklichkeit.

Träumen wir, so sind wir uns häufig nicht bewusst, dass es sich so verhält. In unseren Träumen ist dieser Zustand für uns nicht selten real. Wir identifizieren uns durchaus mit dem Wesen, das uns manchmal ähnelt, manchmal sich aber auch sehr von uns unterscheidet.

Wir glauben an Abläufe beziehungsweise Handlungen, die wir im Traum erleben, an Gedanken und Gefühle. Es kommt vor, dass sich das Wesen von uns unterscheidet. Wie undurchsichtig, verworren und unsinnig uns manche Träume vorkommen, verstehen wir erst dann, wenn wir aus ihnen erwachen. Es kommt vor, dass wir uns völlig bewusst darüber sind, dass wir träumen, da wir in diesem Traum fühlen, sehen, hören und sich alles sehr nahe an der Wirklichkeit befindet. Trotzdem ist uns durchaus bewusst, dass wir schlafen beziehungsweise träumen. Aus diesem Grund sind wir nicht ganz, wie sonst in unserer Traumwelt, versunken. Somit sind wir auch nicht mit unserem Traum-Ich identifiziert. In diesen Situationen nehmen wir eine sogenannte Beobachter-Position ein.
Es ist in unseren Träumen durchaus möglich, in der Lage zu sein, selbst innerhalb unseres Traumes Entscheidungen zu treffen beziehungsweise selbstverständlich auch zu handeln. Obwohl wir uns darüber bewusst sind, dass wir uns im Zustand eines Traums befinden. Trotzdem wissen wir für gewöhnlich, dass das Erlebte nicht der Realität entspricht.
Aber wie ist es, wenn wir nicht mehr schlafen, was passiert dann mit uns. Ist das, was wir in einem wachen Zustand erleben, real?

Viele Menschen haben eine solche Situation bereits erlebt. Wie leicht kann unsere scheinbare Wirklichkeit sich auflösen und das Unmögliche zur Realität werden.

Auch in einem scheinbar wachen Zustand kann es uns Probleme bereiten, sich im Klaren darüber zu sein, was wirklich echt ist, was Bild ist beziehungsweise Vorstellung.

Auch wenn unsere Erwartungen nicht mit unserer unmittelbaren Erfahrung und Vorstellung übereinstimmen. Wenn unser Selbst, ja unsere Mitwelt nur eine Vorstellung war, aber nicht die Realität.

Beispielsweise haben die Quantentheorien des Bewusstseins schon immer provoziert. Eine umstrittene Theorie meint, dass das Bewusstsein durch Quanteneffekte im Gehirn entsteht, was zur Folge hätte, dass Unsterblichkeit möglich wäre. Ist ein Photon eine Welle oder ein Teilchen? Nun, die Antwort hängt davon ab, wie – und ob – wir nachschauen. Die Quantenmechanik erfordert daher, so äußerte der Physiker John Wheeler schon vor Jahrzehnten, ein »partizipatorisches Universum«, dessen Existenz auf irgendeine Weise von uns abhängt.

Definition: Der Begriff Partizipation (lateinisch participatio, »Teilhaftigmachung, Mitteilung«, aus pars, »Teil«, und capere, »fangen, ergreifen, sich aneignen, nehmen usw.«) wird übersetzt mit Beteiligung, Teilhabe, Teilnahme, Mitwirkung, Mitbestimmung, Mitsprache, Einbeziehung usw.
Realität, so wie wir sie erleben, ist nichts anderes als ein persönliches Abbild der eigenen Realität beziehungsweise Wirklichkeit, welche in uns aus Eindrücken von Wahrnehmung sowie dem Deuten und Filtern von Gedanken und Gefühlen gebildet werden. Dabei sind wir schon in unserer Wahrnehmung sehr eingeschränkt – allein durch unsere Sinne

–, da nur ein Bruchteil der Realität überhaupt unser Bewusstsein erreicht.

Jedoch ist hierbei zu beachten, dass die beobachtbare Welt durch unsere Sinne nur einen geringen Anteil der von uns erlebten Realität darstellt. Ungleich größer ist der Anteil, den wir bewerten, deuten beziehungsweise beurteilen und verurteilen. Die von uns gedeutete oder auch erdachte Realität ist das, was wir für die Wirklichkeit halten. Dabei ist zu beachten, dass wir in unterschiedlichen Welten leben. Da es sich so verhält, haben wir dadurch auch unterschiedliche Auffassungen davon, wer wir sind und was wir erleben. [14]

Wachbewusstsein und Traumbewusstsein

Um den Unterschied zwischen Wachbewusstsein und dem Traumbewusstsein zu erkennen, ist Folgendes zu beachten. Im Traum ist der sogenannte wache Zustand, das bedeutet, alles, was man wahrnimmt, erscheint einem als völlig real. Hier spricht man von einem sogenannten Wachbewusstsein. Wenn man vom Wachbewusstsein abgleitet, also wenn man langsam in einen Dämmerzustand kommt (einschlummern), geschehen Dinge, die einem wohl real vorkommen, es aber nicht sind. Von da ab befindet man sich in einem sogenannten Traumbewusstsein. In den meisten Fällen gehen diese Träume wieder im Wachbewusstsein (leider) verloren. Es bleibt, wenn überhaupt, nur eine leise Erinnerung zurück. [15]

Laut Dr. Othmar Mäser (Psychiater und Psychotherapeut) gibt es zwischen dem Wachbewusstsein und dem Traumbewusstsein Unterschiede. Befinden wir uns in einem Traum, so sind wir uns der Vorstellung völlig bewusst. Es ist uns jedoch unmöglich, eine Distanz zu dieser Vorstellung herzustellen. Wir befinden uns dann gleichsam in dieser sogenannten Vorstellung selbst.

Es kommt nicht selten vor, dass man am Morgen nach dem Erwachen überlegt, was man da eigentlich geträumt hat. Fand man die Vorstellungen im Traum beziehungsweise im Halbschlaf selbst noch als völlig richtig, werden sie nicht selten im Wachbewusstsein verworfen.

Wir gewinnen mehr oder weniger Distanz zu den Vorstellungen, wenn wir uns im Wachbewusstsein befinden, wir können uns von allen Vorstellungen ohne Probleme distanzieren, wir können überlegen, in welchem Ausmaß sie für uns selbst zutreffend sind. Man kann sich im Wachbewusstsein jederzeit unvoreingenommen kritisch mit den Gedanken beziehungsweise Ideen auseinandersetzen. Im sogenannten Traumbewusstsein ist das nicht möglich.

Wir sind eher in der Lage, im Wachbewusstsein Ideen, Vorstellungen beziehungsweise Einfälle einer kritischen Prüfung zu unterziehen. Man wägt ab, ob die Sache so richtig gesehen wird oder nicht. Solche Prüfungen dieser Art werden im Traum nicht durchgeführt. Man muss dabei beachten, dass alle unsere Vorstellungen und kritischen Prüfungen immer von Emotionen abhängig sind.

In der Regel sind unsere Traumvorstellungen phantastisch und irreal, somit entfernt von jeglicher Realität.

Wir unterliegen im Prinzip in unseren Traumvorstellungen keiner rationalen Kontrolle. In einem Traumzustand sind wir imstande zu fliegen, zu schweben sowie sich auf der Zeitachse hin und her zu bewegen etc. Ganz anders im sogenannten Wachbewusstsein. Zwar sind wir auch hier theoretisch in der Lage beispielsweise zu fliegen oder auf der Zeitachse zu wandern. Hierbei ist zu berücksichtigen, dass wir jedoch in unseren Vorstellungen von der sogenannten Begleitvorstellung des Irrealen beziehungsweise dem Bewusstsein, dass es sich um reine Phantasievorstellungen handelt, begleitet sind. [16]

Zitat

Da das Bewusstsein allen möglichen äußeren Anziehungen und Ablenkungen ausgesetzt ist, lässt es sich leicht dazu verleiten, Wege zu gehen, die seiner Individualität fremd und nicht gemäß sind. Die allgemeine Funktion der Träume ist, solche Störungen des geistigen Gleichgewichts auszugleichen, in dem sie Inhalte komplementärer und kompensatorischer Art hervorbringen.

Carl Gustav Jung
Begründer der analytischen Psychologie

Quelle: https://zitatezumnachdenken.com/bewusstsein?page=4

Was versteht man unter Bewusstseinserweiterung?

Bewusstseinserweiterung bedeutet die Grenzen der normalen Bewusstheit, welche durch Dualität, Vergleiche, Zeitbezogenheit und Ichbezogenheit gekennzeichnet ist, zu überwinden.

Laut Dieter Broers, er ist Bio-Physiker und Bestsellerautor, führen falsch verstandene persönliche Informationen häufig zu Spannungen, Verstimmungen und Hader.

Dies ist eine Tatsache, welche uns nicht plötzlich und unerwartet zurücklassen sollte. Es ist die selektive Wahrnehmung, die eine nicht unbedeutende Rolle dabei spielt. Hierbei werden nur bestimmte Betrachtungsweisen, Blickwinkel, Faktoren, Standpunkte, Perspektiven und Momente der Umwelt wahrgenommen. Missverständnisse beziehungsweise misslungene Kommunikation zählen genauso zu den selektiven Wahrnehmungen und geben an, dass wir häufig keine einheitlichen Vorstellungen unserer Begriffe haben. Es ist eminent und auch notwendig, ein einheitliches Verständnis über die zumindest elementaren Begriffe wie dem Begriff des Seins, der Bewusstheit und des Bewusstseins zu erlangen.

Was ist eigentlich Bewusstsein?

Das Wort Bewusstsein setzt sich aus zwei Begriffen zusammen. Es beinhaltet die Worte *bewusst* und *sein*. Wir verstehen unter *bewusst* eine klar erkennende, geistig wache Absicht. Die Voraussetzung allerdings ist, dass ein Erkennendes und etwas Absichtliches immer eine wahrnehmende Existenz darstellen muss – eben eine *Entität. Dessen Existenz wird als das Sein bezeichnet. Sein bedeutet existieren. (»*Sein oder Nichtsein*« im Sinne von »*ich bin, oder*

ich bin nicht« bzw. *»ich existiere, oder ich existiere nicht«.*)
Selbstverständlich sind wir existent, denn wenn wir nicht
existieren würden, könnten wir uns mit diesen Themen gar
nicht befassen.

Dass ich mir meines Seins bewusst bin, zählt zu den
elementarsten aller Erkenntnissen überhaupt. Sie birgt die
Lösung für den weisen Rat aus Delphi: *Erkenne dich selbst*
(Gnothi seauton). Diese Lösung führt über *Werde, der du bist*
zu *SEI der, der du bist.*

Im vorstehenden Satz spüren wir in unserem Innern die weisen
Ratschläge. Doch die konsequente Umsetzung bleibt für uns
immer ein ständiger Kampf.

Aber wie stellt man es an beziehungsweise wie setze ich diese
Erkenntnis um? Nicht selten halten wir uns für etwas, das wir
gar nicht sind. Leider wird häufig unser künstliches Selbst (Ego
genannt) mit unserem tatsächlichen Selbst verwechselt. Wenn
wir diese Erkenntnis ernsthaft durchschauen und unsere
Wahrnehmung auf einen erweiterten Horizont ausrichten, der
eigentlich dann über unsere unmittelbar umgebende physische
Realität/Wirklichkeit hinausgeht, so stünde einer Erweiterung
des Bewusstseins (Bewusstseinserweiterung), also einer
unmittelbaren und unzensierten Wahrnehmung von Allem
nichts mehr im Wege. Diese Wahrnehmung ist möglicherweise
nur im Spirituellen zu finden. Man spricht hier auch von einer
allwissenden Qualität. Eigentlich kommt man dazu nur durch
eine absolute konsequente Beobachtung der Verkettung unserer
Wahrnehmungen. Entscheidend ist auch, wie wir das
Wahrgenommene in unser Bewusstsein aufnehmen. Wir
können nur unser Bewusstsein erweitern, indem wir lernen,
Dinge so aufzunehmen und zu verstehen, wie sie wirklich sind.

Die Summe aller Programmierungen, welche eine Persönlichkeit im Laufe seines Lebens erfahren hat, kann nur der wahrnehmen, der bewusst verstanden und gelernt hat, sein Ego als das anzusehen, was es ist. Eben die Summe aller Programmierungen. Ein unbewusster Mensch ist dazu nicht in der Lage. [17]

*Entitäten (Philosophie: Dasein im Unterschied zum Wesen eines Dinges)

Gibt es doch, bei jedem von uns, im tiefen Innern, einen eigenen Mittler, welcher unabhängig von äußeren Eindrücken unser Bewusstsein erweitern kann, ohne digitale Abhängigkeit etc. Er schenkt uns Raum und Offenheit.

Durch das endlose Datenmeer sind viele Menschen im Glauben, dass sie dadurch ihr Bewusstsein erweitern können – bis hin zu einer spirituellen Dimension.

Manchmal wird man den Gedanken nicht los, dass es den Anschein hat, als würden sich Ozeane des Bewusstseins auftun, welche in ihrer Tiefe und Größe alles, was wir jemals kennengelernt haben, als völlig bedeutungslos vorkommen lässt, welches uns mit dem Einen verbindet – an dieser Stelle dann hätte der Kleingeist, wie es in der Vergangenheit der Fall war, keinen Platz. Diese Gruppe von Menschen sprechen davon, dass Technologie und eine künstliche Intelligenz uns algorithmisch in eine andere Dimension des Geistes versetzen, die eine ausreichende Größe besitzt, um sich kosmisch in einer völlig neuen Welt zu befinden. Dieser Gedanke selbst ist nicht uninteressant.

Zitat

Der erste Schritt zur Veränderung ist Bewusstsein. Der zweite ist Akzeptanz.

Branden

Quelle https://www.brunoerni.com/365-zitate-und-lebensweisheiten-fuer-diegesundheit-koerper-geist-und-seele/

Was ist Bewusstsein beziehungsweise Selbstbewusstsein?

Die einfache Erklärung dazu. »Als Bewusstsein wird die Gesamtheit der durch komplexe neurophysiologische Prozesse getragenen mentalen Zustände eines Individuums bezeichnet. Beziehen sich die Prozesse auf die Eigenwahrnehmung des Individuums, spricht man von Selbstbewusstsein.« [18]

Was verstehen wir unter Selbstbewusstsein?

Laut Markus Gabriel (Lehrstuhl für Erkenntnistheorie, Philosophie der Neuzeit und Gegenwart) haben wir eine extravagante, ja eigentümliche Perspektive eingenommen, was das Bewusstsein bei Untersuchungen angeht. Nicht nur, dass wir uns einer Sache in unserer persönlichen Umgebung bewusst waren, nein – wir haben bewusst über unser eigenes Bewusstsein nachgedacht. Normalerweise kann man davon ausgehen, dass das keiner von uns alltäglich macht. Sollte es – ausschließen kann man es explizit nicht – echte Erleuchtete geben, so verbringt außer diesen wohl niemand seine ganze Zeit damit.

Wie man herausgefunden hat, liegt eine der beachtenswertesten Tatsachen darin, dass es eigentlich unbestritten ist, immer bewusst zu sein. Es kommt allerdings vor, dass genau dies einige versuchen. Wichtig ist für mich die Einsicht der Unhintergehbarkeit (ein Begriff aus der Philosophie – bedeutet etwa, dass nicht zurückgegangen werden kann –) des Bewusstseins. Vor diesem Hintergrund steht auch der wohl bekannteste Satz der neuzeitlichen Philosophie. Es ist der Satz von Descartes oft zitiertem: »*Ich denke, also bin ich*«. In seinen Überlegungen über die erste Philosophie drückt er diesen Gedanken wie folgt aus:

»Denken? Hier liegt es: Das Denken ist's, es allein kann von
mir nicht getrennt werden. Ich bin, ich existiere, das ist gewiss.
Wie lange aber? Nun, solange ich denke. Denn vielleicht
könnte es sogar geschehen, dass ich, wenn ich ganz aufhörte
zu denken, alsbald auch aufhörte zu sein. Ich bin also genau
nur ein denkendes Wesen, das heißt Geist, Seele, Verstand,
Vernunft – lauter Ausdrücke, deren Bedeutung mir früher
unbekannt war. Ich bin aber ein wahres und wahrhaft
existierendes Ding, doch was für ein Ding? Nun, ich sagte es
bereits – ein denkendes.« Zitat Ende. [19] Descartes 1992, 47 ff.

Bemerkt sei hierbei noch, dass Descartes durchaus an Gott
glaubte, aber vor allem war er der Überzeugung, dass Gott eine
Welt geschaffen hatte, die unabhängig von ihm nach festen
Gesetzmäßigkeiten funktionierte.

Wenn man bewusst bleibt, so ist es nicht anzuzweifeln, dass
man wirklich bewusst ist. Es bedeutet aber nicht, dass man
damit eine zweifelsfreie Erkenntnis erlangt über die Natur des
Bewusstseins.
Bis in die Gegenwart glaubt man im Anschluss an die früheren
geistigen Debatten Descartes', es gelte eine
Auseinandersetzung zwischen zwei großen Positionen zu
entscheiden. Gemeint ist hier der Dualismus. Dieser sagt, dass
es zwischen Gehirndingen noch ein Bewusstseinsding im
Universum gäbe. Während der Monismus, der nicht die totale,
sondern die partielle Identität von Leib und Seele annimmt,
dies absolut bestreitet.

Ob man diese Auffassung Monismus nennen will, ist natürlich
Geschmackssache. In einem für mich wichtigen Abschnitt
schreibt der Philosoph Markus Gabriel über den
Neuromonismus, *»dieser behauptet, das Bewusstseinsding sei*
entweder mit dem Gehirn oder mit den Gehirnarealen und
deren Aktivitäten identisch. Beide Positionen setzen aber

voraus, das das Bewusstsein ein Ding ist, was bereits der entscheidende Fehler ist.
Richtig ist, dass wir nicht bestreiten können, bewusst zu sein, solange wir bewusst sind. Wir können uns zwar in der Frage täuschen, ob jemand oder etwas Anderes bewusst ist (weshalb überhaupt jemand auf den Gedanken verfallen kann, Computer, Saugroboter, Thermostate, Flüsse, Galaxien oder was auch immer könnten bewusst sein), aber nicht in der Frage, ob wir selber bewusst sind. Daraus folgt nur leider nicht, dass wir deswegen auch schon wüssten, was Bewusstsein ist. Wir wissen nur, dass wir darüber verfügen oder, wenn man so will, dass wir es sind – wenn es denn stimmen sollte, dass unser Selbst, das, was uns zu denjenigen macht, für die wir uns halten, über unser Bewusstsein definiert ist.« Zitat Ende. [20]

Hier nur noch einmal zum Verständnis: »*Der **Monismus** ist die philosophische oder metaphysische Position, wonach sich alle Vorgänge und Phänomene der Welt auf ein einziges Grundprinzip zurückführen lassen. Der **Monismus** bezieht damit die Gegenposition zum Dualismus und Pluralismus, die zwei oder viele Grundprinzipien annehmen.*« [21]

Wir sind also bewusst, während wir uns mit dem Bewusstsein beschäftigen, so dass sich nun die Frage stellt, ob dieser Fall der Unhintergehbarkeit unser selbst vielleicht weiteren Aufschluss über uns selbst in Aussicht stellt.

Was ist das Unterbewusstsein?

Ein Beweis für die Existenz eines Unterbewusstseins ist wissenschaftlich nicht nachgewiesen. Und doch gehen die meisten psychologischen Ansätze in diese Richtung. Nach dieser Annahme glauben wir an das Existieren eines Bewusstseins beziehungsweise eines Unterbewusstseins.

Laut Dr. Doris Wolf – Diplom-Psychologin und Psychotherapeutin – werden in der Regel die Bereiche der Psyche als die des Unterbewusstseins bezeichnet, welche unserem Bewusstsein nicht unmittelbar zugänglich sind. Über unser Unterbewusstsein gibt es eine ganze Reihe von unterschiedlichsten Vorstellungen beziehungsweise Beschreibungen. Unser Unterbewusstsein hat einen deutlich höheren und größeren Einfluss, als wir uns vorstellen können.

In den meisten Fällen, wenn wir im Glauben sind, eine bewusste Entscheidung getroffen zu haben, so ist es doch in der Realität unser Unterbewusstsein, das diese Entscheidung trifft, bevor wir uns überhaupt selbst bewusst darüber sind. Egal, zu welchem Zeitpunkt man sich bewusst entscheidet, trifft das Unterbewusstsein nur wenige Sekunden vorher bereits unsere Entscheidung. [22]

Was ist Unterbewusstsein beziehungsweise was ist
    Unbewusstes?

Laut R. Senftleben (Diplom Informatiker. Er hat sich u.a. auch der Psychologie und der Philosophie zugewandt) ist es nicht selten, dass eine Unterscheidung zwischen dem Unterbewusstsein und dem Unbewussten gemacht wird. Der Grund dafür ist, dass wir wissentlich auf unser Unbewusstes nicht zugreifen können. Eine ganze Reihe von lebenswichtigen Funktionen laufen völlig unbewusst ab. Man denke hierbei beispielsweise nur an seine Blutzirkulation oder das

Funktionieren der Leber, der Nieren. Das Herz schlägt in Ruhe 60 bis 80 Mal pro Minute, also etwa 100 000 Mal am Tag. Last but not least, denken wir über unsere Verdauung nach. All diese wichtigen Betriebssysteme in unserem Körper funktionieren wie von allein.

Unterbewusstsein was ist das?

Es ist das zusammengetragene Wissen aus Eindrücken, Erinnerungen, Motiven sowie Handlungsbereitschaften, welche sich in uns befinden, die aber zurzeit nicht aktiv sind. Bewusst ist uns eigentlich, was im Moment aktiv ist. Allerdings sind alle inaktiven Elemente, welche eine große Rolle spielen, in unserer Psyche in unserem täglichen Denken und Tun in unserem Unterbewusstsein.

Darunter verstehen wir tagtägliche Abläufe, wie Gehen, Autofahren etc. Hier muss jede Bewegung, jeder Handgriff bewusst getan werden. Oder nehmen wir beispielsweise das Klavierspielen. In der Regel spielt die rechte Hand die Melodie und die linke Hand die Begleitung. Beide Hände spielen also unabhängig voneinander. Bedeutet – zwei unabhängige Dinge werden zur gleichen Zeit in unserem Gehirn aufgenommen und verarbeitet. Neue Synapsen werden gebildet (von griech. σύν syn ›zusammen‹; ἅπτειν haptein ›greifen, fassen, tasten‹). Synapse bezeichnet die Stelle einer neuronalen Verknüpfung, über die eine Nervenzelle in Kontakt zu einer anderen Zelle steht – einer Sinneszelle, Muskelzelle, Drüsenzelle oder einer anderen Nervenzelle. Der Vorteil u.a. dabei ist, es verbessert sich die Koordination. Alles muss erst gelernt werden, bis alle Abläufe sich mit der Zeit wie von selbst erledigen. Es ist dann sozusagen antrainiert beziehungsweise automatisiert. Die Bewegungsabläufe bei all diesen Dingen werden dann durch unser Unterbewusstsein aufgenommen und gesteuert, während man sich auf andere Dinge konzentrieren kann. Erst wenn man über bestimmte Abläufe nachdenkt, während man sie tut, kann es zu Fehlleistungen in der Abhandlung von eingeübten und antrainierten Handgriffen kommen. Abläufe – soweit möglich – werden durch das Gehirn automatisiert. Das menschliche Gehirn versucht dann, Abläufe möglichst zu automatisieren und damit aus unserem Bewusstsein ins Unterbewusstsein zu verbannen.

Zu was ist unser Unterbewusstsein noch in der Lage?

Es werden Dinge durch unser Unterbewusstsein aufgenommen beziehungsweise wahrgenommen, die der Mensch bewusst nicht alle aufnehmen und verarbeiten kann. [23]

Was verstehen wir unter dem Unbewussten?

Für Sigmund Freud befindet sich das Unbewusste mit seinen Gedanken, Gefühlen und Erinnerungen sowie inakzeptable Gedanken in einem Gehirnspeicher. Hingegen steht dieser Begriff in der heutigen Zeit in der Psychologie mehr für eine Art von Informationsverarbeitung. Wichtig dabei ist, dass wir uns derer <u>nicht</u> bewusst sind.

»1. Definition ›Das Unbewusste bezieht nicht nur verdrängte Inhalte mit ein, sondern auch alles dasjenige psychische Material, das den Schwellenwert des Bewusstseins nicht erreicht.‹ (Jung, 1964, S. 195) (Stangl, 2021)«

Verwendete Literatur
Stangl, W. (2021). Stichwort: »*Unbewusste – Online Lexikon für Psychologie und Pädagogik*«. Online Lexikon für Psychologie und Pädagogik.
WWW: https://lexikon.stangl.eu/1793/unbewusste (2021-05-28)

»2. Definition Das Unbewusste hat zwei Bedeutungen: 1. Als Adjektiv bezieht es sich auf ›leblos‹ und 2. Als adverbieller Bestimmung eines Ausdrucks, der eine Tätigkeit oder Verhaltensweise bezeichnet ›ohne bewusste Absicht‹ (vgl. Macintyre, 1968, S. 72)« (Stangl, 2021).

Verwendete Literatur
Stangl, W. (2021). Stichwort: »*Unbewusste – Online Lexikon für Psychologie und Pädagogik«*. Online Lexikon für Psychologie und Pädagogik.
WWW: https://lexikon.stangl.eu/1793/unbewusste (2021-05-28)

»3. Definition Das Unbewusste gibt jedem Wesen das, was es zur Erhaltung braucht, wozu sein bewusstes Denken nicht ausreicht. Z. B. es gibt dem Menschen den Instinkt zum Verständnis der Sinneswahrnehmung. (vgl. Hartmann, 1869, S. 311)« (Stangl, 2021).

»4. Definition ›Alle psychischen Funktionen, die wir kennen, können ablaufen, ohne dass wir ein bewusstes Wissen davon haben. In diesem Sinne gibt es unbewusste psychische Vorgänge.‹ (Bleuler, 1916 S. 27)«

»5. Definition ›[…] das Verdrängte wirkt im Unbewussten unsichtbar weiter und führt so zu unerwünschtem Verhalten, zwischen menschlichen Beziehungsstörungen und psychischem Leiden. Erst durch eine Bewusstmachung des Verdrängten vermag der Mensch sich von der Macht seines Unbewussten zu befreien.‹ (Lang, 2008, S. 2)« (Stangl, 2021).

Verwendete Literatur
Stangl, W. (2021). Stichwort: »*Unbewusste – Online Lexikon*

für Psychologie und Pädagogik«. Online Lexikon für Psychologie und Pädagogik. WWW: https://lexikon.stangl.eu/1793/unbewusste (2021-05-28)« Zitat Ende [24]

Zitat

Das Unbewusste ist viel moralischer, als das Bewusste wahrhaben will.

Sigmund Freud

Quelle: http://zitate.net/bewusstsein-zitate

Unterbewusstsein, was verstehen wir darunter?

Man muss sich vorstellen, dass das Unterbewusste eine sogenannte innere Art eines Navigationssystems darstellt. Das Navigationsgerät leitet uns dann genau an die Stelle hin, wo man zu Anfang das Ziel eingegeben hat. Es muss schnell und absolut zuverlässig reagieren, da es die lebenswichtige Aufgabe unseres Gehirns ist, unser Leben zu sichern und zu schützen. Dies erfolgt mit der Präzision, vergleichbar mit der einer Atomuhr. [25]

Was ist im Unterbewusstsein gespeichert?

Wir treffen täglich Entscheidungen in großer Anzahl. Allerdings sind die Entscheidungen, welche wir treffen, nicht immer die richtigen.

Wie schon angesprochen werden etwa über 90% von den Dingen, die wir tagtäglich tun beziehungsweise denken, durch unser Unterbewusstsein gesteuert. Es ist in der Lage bis zu 80.000 Informationen in der Sekunde aufzunehmen. Das Unterbewusstsein ist etwa 10.000 Mal schneller als unser Bewusstsein. Man kann auch sagen, dass so ziemlich alles, was in unserem Bewusstsein nicht ankommt, im Unterbewusstsein festgehalten beziehungsweise gespeichert wird. Dazu zählen beispielsweise unsere persönlichen Erlebnisse, Fähigkeiten sowic Überzeugungen. [26]

Was ist der Unterschied zwischen unbewusst und
unterbewusst?

Hierunter versteht man einen kognitiven Vorgang (bedeutet:
  unter kognitiven Prozessen versteht man alle Vorgänge
  im Gehirn, die eine höhere Ebene der Verarbeitung
  benötigen, darunter fallen z. B. Lernen, Erkennen,
  Vergleichen, Nachdenken, Problemlösen, Entscheiden,
  all diese Begriffe erfordern eine höhere Hirnleistung)
  beziehungsweise eine motorische Aktion, welche nicht
  im Bewusstsein abläuft. Eine Handlung, unbewusst zu
  tun, bedeutet, ohne zu wissen – genauer gesagt – ohne es
  zu steuern.
Wie bereits erwähnt, laufen eine Reihe von lebensnotwendigen
Funktionen vollkommen unbewusst ab, wie beispielsweise die
Atmung oder auch der Herzschlag.

Unterbewusstsein und Psyche.
Hier kommen wir in den Bereich der Psyche, welche dem
Bewusstsein nicht direkt zugänglich ist. Dem Unterbewusstsein
unterliegen eigene Grundsätze. Es überprüft einen Sachverhalt
nicht rational. Es reagiert nur durch Gedankengänge,
Vorerfahrungen sowie Vorstellungen. Viele Dinge wie
Eindrücke, Erinnerungen etc., welche aber in diesem Moment
nicht aktiv sind, befinden sich in unserem Unterbewusstsein
und daran können wir uns nicht mehr erinnern.

Zusammengefasst:
Alle körperlichen Vorgänge, wie Atmung Herzschlag etc.,
welche nicht bewusst ablaufen beziehungsweise gesteuert
werden, befinden sich im Unbewusstsein.
Hingegen unser Unterbewusstsein einen besonderen Bereich
der Psyche anspricht. Zum Beispiel werden Traumata

(psychische Ausnahmesituation) abgelegt, welche man bewusst nicht mehr in der Erinnerung hat.

Im Grunde bestehen keinerlei Zugriffsmöglichkeiten auf das Unbewusste. [27]

Gibt es ein Kollektivbewusstsein?

Laut Dipl.-Päd. Dr. Jos Schnurer, ehemaliger Lehrbeauftragter an der Universität Hildesheim, wurde schon in der antiken griechischen Philosophie besonders zum Ausdruck gebracht, dass der anthrôpos (°bedeutet: Wortbildungselement mit der Bedeutung »den Menschen als und in seinem Wesen betreffend« von altgriechisch ἄνθρωπος ánthrōpos »Mensch«) ein individuelles, unverwechselbares, ja einzigartiges und unteilbares (atomon) Lebewesen ist, welches aber zur Existenz sowie zur Erfüllung seines Lebenszwecks, gemeint ist hier, ein gutes, gelingendes beziehungsweise ein humanes Leben zu führen, und die Mitmenschen dazu braucht.

Im philosophischen und anthropologischen Denken und Handeln über Jahrtausende hinweg, hat es immer wieder den Versuch gegeben, die Interessenlage beziehungsweise die Situation der Individualität sowie der Kollektivität entweder voneinander abzugrenzen oder auch zu verbinden. Wilhelm von Humboldt, Fr. Schlegel, Kierkegaard, Nietzsche, Heidegger, Adorno und andere haben sich mit der emotionalen als auch rationalen Bedeutung des Individualbegriffs auseinandergesetzt und dazu dessen Vor- und Nachteile tief diskutiert. Man hat entweder den Verlust von Individualität bedauert, oder eben auch davor gewarnt. [28]

David Émile Durkheim war ein französischer Soziologe und Ethnologe. Er war 1887 als Lehrbeauftragter für Soziologie und Pädagogik in Bordeaux der Erste mit einer akademischen Stelle an einer französischen Universität. Nach Durkheim: »*Kraft dieses Prinzips ist die Gesellschaft nicht bloß die Summe von Individuen, sondern das durch deren Verbindung gebildete System stellt eine spezifische Realität dar, die einen eigenen Charakter hat.*« Die Gesellschaft. Oder einfacher, die Gesellschaft ist ein eigenständiges Wesen.

Laut Claus-Henning Ammann versteht man unter einem Kollektivbewusstsein das Handeln und Fühlen von Gruppen beziehungsweise von Gesellschaften, nicht das von einzelnen Individuen.

Der Grund dafür ist, dass die Gesellschaft bestehen bleibt, selbst dann, wenn ihre Mitglieder ausgetauscht werden. Vertreten wird das Kollektivbewusstsein durch Hinterlassenschaften früherer Generationen. Im Besonderen sei hier die Technik des Häuserbaus, aber auch die Religion erwähnt.

Der herausragende Punkt dieser Welt, in der wir leben, besteht wohl darin, dass sie nicht bestimmte Inhalte repräsentiert, es sind vielmehr sprachliche Mittel, welche man durch eine Darlegung beziehungsweise Verständigung, ein Bündnis oder ein Übereinkommen erzielt oder auch bereitstellt. Die Lebenswelt verliert ihre festlegende Gewalt, wenn sich aus den strukturellen Bestandteilen, Bausteinen der Lebenswelt Kultur, Gesellschaft und Persönlichkeit Differenzen ergeben über eigene Interpretationen der Aktoren.

Erst durch eine Verständigung kann sich die Lebenswelt ihren Charakter als Kollektivbewusstsein verlieren (s. Habermas 1995 II, S. 203). Eigene Gesetze werden durch das kollektive Sein geschaffen. Man kann sie nicht aus den Einzelelementen ableiten. Wie zum Beispiel die Elemente H und O, hieraus lässt sich nicht die Eigenschaft beziehungsweise das Wesensmerkmal des Wassers ableiten.

Der ganzheitliche Charakter ist das Wesentliche einer eigenständigen Realität. Es sind nicht die individuellen Beziehungen der Beteiligten in ihrem Verflechtungszusammenhang. Ein Kollektivbewusstsein funktioniert nur dadurch, weil die Gruppe denkt fühlt und handelt.

Ein Beispiel: In einer Nachbarschaft mit einem christlichen Umfeld. »Sonntags hängt man keine Wäsche zum Trocknen auf.« Hier wird ein abweichendes Verhalten bestraft. Wird der Nachbar auf diese Norm angesprochen, und teilt ihm mit, dass dies kulturell geprägt sei, so kann man dadurch zu einer gegenseitigen Akzeptanz gelangen.

Warum?

Erfahrungsgemäß beziehungsweise empirisch bedeutet dies, dass die Gesellschaft unabhängig von ihren Mitgliedern existiert.

Die innere Integration ist eine wichtige Form der moralischen Gesamtheit. Regeln sind nicht an Kosten oder Nutzen orientiert. Es sind die gesellschaftlichen Bestimmungen, die die Individuen verinnerlicht haben.

Bei differenzierten Gesellschaften ist das mechanische Recht autoritär. Es beruht auf externen Sanktionen der aus einzelnen Segmenten zusammengesetzten unterschiedlichen Gesellschaften.

Diese Art der Verbundenheit gestattet eine Arbeitsteilung, welche dazu den verbindenden Rahmen schafft, den sogenannten nicht kontraktuellen Abschnitt eines Vertrages. Diese Art der Auffassung stellt sich gegen den schottischen Moralphilosophen und Soziologen Herbert Spencer (geb. 1820 in Derby, gestorben am 08.12.1903 in Brighton). Spencer sah eine unsichtbare Hand die Arbeitsteilung regulieren sehen. Als Erster wandte er die Evolutionstheorie (hier: das Konzept des »*survival of the fittest*«, Überleben des Stärksten) auf die gesellschaftliche Entwicklung an und begründete damit das Paradigma des Evolutionismus, welches oft als Vorläufer des Sozialdarwinismus angesehen wurde. Für Durkheim allerdings ist die arbeitsteilige Spezialisierung ein Kollektivgut. [29]

Ein menschliches Bewusstsein im Vergleich zu einem Computer

Wäre ein Internet in der Lage, eigenmächtig zu handeln, so wäre dies äußerst beängstigend, mit allen möglichen Auswirkungen auf die Sicherheit, es wäre ein absolut deutlicher Hinweis für seine Unabhängigkeit beziehungsweise für seine Eigenständigkeit. Ich halte es für unwahrscheinlich, dass sich das Internet in eine feindlich gesinnte »Ich« bewusste Maschine entwickeln wird, weil es zum größten Teil aus Bots besteht.

Was versteht man unter Bots?

Bots sind Softwareroboter beziehungsweise -agenten, welche in sozialen Medien (Social Media) vorkommen. Sie liken bedeutet: [in einem sozialen Netzwerk] im Internet eine Schaltfläche anklicken, um eine positive Bewertung abzugeben, und retweeten, bedeutet: Mit der Retweet-Funktion in Twitter kann man einen Tweet mit all seinen Followern teilen und sie texten und kommentieren, demzufolge können sie natürlichsprachliche Fähigkeiten haben. Es ist auch möglich, dass sie als Chatbots fungieren und dadurch in der Lage sind, mit Benutzern synchron zu kommunizieren.

Es handelt sich hierbei um automatisierte Programme, welche gut 60% des Internetverkehrs abwickeln. Zweifellos kann man verschiedene Teile des Internets, Finanzbots, Sicherheitsbots oder Spambots, mit den Regionen in unserem Gehirns vergleichen, Selbst wenn die spezialisierten Unterprogramme des Internetgehirns ähnlich wie unsere Gehirnareale für bestimmte Aufgaben zuständig sind, so führt dies allein noch lange nicht zu einem Bewusstsein, Bots tun immer genau nur eine Sache, sie versuchen beispielsweise in einen Computer einzudringen, um uns irgendein Produkt zu verkaufen. Für mich ist diese Art von stereotypen Handlungen das genaue Gegenteil eines Wesens mit einem Bewusstsein. Spezialisierungen finden eher ohne Bewusstsein statt.

Was bedeutet der Begriff Denken?

Genauer gesagt ist es die menschliche Fähigkeit des Erkennens und Urteilens anwenden; mit dem Verstand arbeiten; überlegen. Es ist allgemein ausgesprochen die Fähigkeit eines Lebewesens (z. B. Mensch) seine Außenwelt wahrzunehmen – was allerdings so nicht ausreicht, sondern sie muss auch innerlich sozusagen repräsentiert werden. Solche Fähigkeiten haben auch nur ganz bestimmte Tierarten wie Schimpansen, Bonobos, Orang-Utans, Delfine. Hingegen beim Menschen das Denken auch das Vermögen einschließt, in absichtlicher Selbstreflexion das eigene Ich zu erfassen beziehungsweise zu durchleuchten als auch das Denken an sich zum Gegenstand der eigenen Spiegelung des Ichs zu erheben. Der bedeutende Unterschied zum Menschen ist eben die bewusste Selbstreflexion. [30]

Was genau läuft beim Denken ab?

Bei diesem Prozess werden alle psychologischen Vorgänge zusammengefasst, welche aus einer inneren Beschäftigung durch Vorstellungen, Erinnerungen als auch Begriffen eine Erkenntnis zu formen versuchen. Hierbei ist zu berücksichtigen – bewusst werden dabei häufig <u>nur</u> die Endprodukte des Denkens, jedoch nicht aber alle Denkprozesse, welche sie hervorgebracht haben. [31]

Was passiert in unserem Gehirn, während wir denken?

Netze und Neuronen arbeiten bei allen Gedanken in der Großhirnrinde zusammen. Nirgendwo ist eine zentrale Stelle im Gehirn auszumachen, welche einzelne Gedanken erfasst. Die Gedanken verbreiten sich stets zugleich im ganzen Gehirn. In diesem Moment breiten sich eine riesige Anzahl von elektrischen Signalen in unserem Kopf aus. Hierbei ist jedoch zu beachten, wenn elektrische Impulse von einer Nervenzelle zur nächsten fließen, so sagt dies noch lange nichts über deren Bedeutung aus. Wie ist es möglich, dass unser Gehirn aus all diesen Signalen ein lückenloses beziehungsweise geschlossenes Bild/Eindruck entwickelt, welches beispielsweise einer bestimmten zurückliegenden Erinnerung eines Treffens mit Freunden entspricht. All dies ist bis heute ein absolutes Rätsel beziehungsweise einfach nicht zu erklären. [32]

Das menschliche Gedächtnis ist keine Festplatte, sondern ein neuronales Netzwerk mit 100 Milliarden Nervenzellen. Forscher sprechen hier von einem neuronalen Netzwerk, in dem 100 Milliarden Nervenzellen durch mehr als 100 Billionen Synapsen (bedeutet: eine durch Reize dienende Verbindung zwischen einer Nerven- oder Sinneszelle sowie einer anderen Nervenzelle oder einem Muskel) miteinander verbunden sind.

Zitat

Denken und Sein werden vom Widerspruch bestimmt.

Aristoteles

Quelle: http://zitate.net/bewusstsein-zitate?p=5

Gefühle und Bewusstsein.

Das Bewusstsein steht mit Emotionen in Verbindung. Jegliche Art von Gefühlen wie Hass, Neid oder Empathie lassen den Gedanken zu, dass ich mir stets selbst bewusst bin. In diesen vorstehenden Sätzen erkennt man genau, dass diese Begriffe Emotion sowie Gefühl sehr oft in einem vergleichbaren Kontext gesehen beziehungsweise verwendet werden. Man bemerkt, es verändert sich etwas und daraus wirkt unser Bewusstsein, ja es fühlt sich innerlich irgendwie an oder deutet auf etwas hin. Die Aktivierung unseres Bewusstseins erfolgt durch bestimmte Situationen. Das Bewusstsein kann Folgen bedenken, das ist der markante Unterschied zur normalen Lebenssteuerung. Es arbeitet lösungsorientiert. Das alles ist der Evolution zu verdanken. Um zu überleben, mussten Reize wie beispielsweise Druck, Schmerz oder Wärme blitzartig gefiltert werden um entsprechend zu reagieren beziehungsweise zu kontern. [33]

Empathie, Hass und Neid existieren nicht nur beim Homo sapiens (lateinisch »vernünftiger Mensch«).

Nicht nur Menschen besitzen die Eigenschaft, Empathie, Hass und Neid zu entwickeln, oder lassen sich auch von anderen dazu anstecken. Eine Reihe von Tieren zeigen ebenfalls zumindest Ansätze von Empathie, Hass oder Neid. Auch Schimpansen beispielsweise lassen sich von Emotionen und anderen Gefühlen auch von anderen anstecken. Oder denkt man an die scheinbar von Empathie angetriebene Tat der Gorilladame Binti Jua, welche im August 1996 im Zoo von Chicago einen Jungen aus dem Gorilla-Gehege, in das er hineinfiel und bewusstlos liegenblieb, rettete, in dem er den kleinen Jungen, drei Jahre alt, in seinen Arm nahm und ihn vorsichtig zu Pforte des Geheges brachte, um ihn dort abzulegen, damit das Zoopersonal den Jungen aus dem Gehege sicher abholen konnte. Solche Handlungsweisen bei Tieren kommen immer wieder vor. [34]

Was bedeuten Gefühlsbegriffe wie Empathie, Hass oder Neid, mit denen sich unser Bewusstsein stets auseinandersetzt?

Empathie

Unter Empathie verstehen wir die Bereitschaft und die Fähigkeit, Emotionen, Empfindungen, Motive und Gedanken sowie Persönlichkeitsmerkmale an einer anderen Person zu bemerken, zu entdecken beziehungsweise zu begreifen und diese dann zu verstehen und nachzuempfinden. Im allgemeinen Sprachgebrauch bezeichnet man diesen Begriff auch als Mitgefühl. [35]

Tatsächlich hat Empathie viele Bestandteile und Facetten. Für Menschen ist es die Bereitschaft und Fähigkeit, sich in die Einstellungen anderer Personen einzufühlen.

Hass

Hass steht für ein intensives Gefühl der Feindseligkeit und Abneigung. Es ist das Pendant für Liebe. Hegt man seinen Hass Gruppen oder auch einzelnen Personen gegenüber, so kann auch beispielsweise Fremdenfeindlichkeit, Misogynie (krankhafter Hass von Männern gegenüber Frauen) oder Misandrie (krankhafter Hass von Frauen gegenüber Männern) oder Rassismus als Hass bezeichnet werden. [36]

Hass gilt deshalb neben *Neid* und Missgunst als das destruktivste aller *Gefühle*, sowohl für den *Hassenden* als auch für sein Opfer.

Neid

Als Neider bezeichnet man Personen, welche den Wunsch
haben, für sich selbst über mindestens als gleichwertig
empfundene Güter (materieller oder nicht materieller Art) wie
die beneidete Person zu verfügen oder auch zu besitzen. [37]

Zitat

Man kann vieles unbewusst wissen, indem man es nur fühlt,
aber nicht weiß.

Fjodor Michailowitsch Dostojewski

Quelle: http://zitate.net/bewusstsein-zitate?p=3

Was ist Gewissen beziehungsweise was versteht man darunter?

Im Allgemeinen wird unser Gewissen als Institution des menschlichen Bewusstseins betrachtet. Es bestimmt, wie man besser urteilen sollte. Gleichzeitig zeigt uns das Gewissen an, ob eine bestimmte Handlungsweise mit demjenigen übereinstimmt beziehungsweise nicht übereinstimmt, was ein Mensch als für sich richtig und stimmig ansieht. Die Entscheidungen, die unser Gewissen trifft und auch darauf drängt, werden durch bestimmten Handlungen wie Moral und Ethik hervorgerufen. Es drängt uns dazu, gewisse Handlungen auszuführen beziehungsweise zu unterlassen. Ohne ethische Orientierung, ohne jegliche Verantwortung bleibt das Gewissen leer und blind. [38]

Kann man Bewusstsein einer bestimmten Stelle im Gehirn zuordnen?

Laut Prof. John-Dylan Haynes vom Bernstein Center for Computational Neuroscience Berlin ist diese Frage nicht pauschal zu beantworten. Niemand ist in der Lage zu sagen, welche Teile unseres Gehirns in bestimmten Situationen zum Bewusstsein auf irgendeine Art beitragen. Es gibt keine exakte Zuordnung unserer Gedanken beziehungsweise Wahrnehmungen oder auch Aktivitäten in unseren Hirnarealen. Deutlicher gesagt, wir besitzen oder es gibt in unserem Gehirn keine Bewusstseinszellen. Allerdings hat jeder Gedanke ein einzigartiges Modell in der Aktivität unseres gesamten Hirns.[39]

Bisher gibt es keinen empirischen Nachweis darüber, dass das Bewusstsein auf irgendeine Art zu messen beziehungsweise noch, dass es im Gehirn verankert ist. Dieses Thema bewegt sich bis zum heutigen Tage immer noch am Rande des menschlich Erklär- und Vorstellbaren.

Existiert unser Bewusstsein abhängig oder unabhängig vom Gehirn?

Wie stellt man sich das Bewusstsein in einer physikalischen Welt vor?

Laut Dr. Christian Wolf, Germanist und Philosoph, ist das Bewusstsein weiterhin ein Mysterium vor dem Hintergrund eines naturwissenschaftlichen Weltbildes. Warum? Es ist und bleibt ungewiss und unklar, wie es möglich ist, dass in ein zu beschreibendes physikalisches Universum *»etwas so Subjektives wie Bewusstsein hineinkommen kann«*. Unzähliges Material beziehungsweise Dokumente bezüglich der Neurowissenschaften deuten zwar darauf hin, dass geistige beziehungsweise neuronale Prozesse in einem engen Kontext stehen. Es ist nicht leicht, sich vorzustellen, wie es möglich sein kann, dass aus unserer grauen Masse, mit dem Namen Gehirn, *»das hochkomplexe Erleben und eine subjektive Innenperspektive zustande kommen sollen«*. Die Philosophie beschäftigt sich schon seit der Antike mit dem Problem, wie Körper und Geist miteinander verbunden sind beziehungsweise zusammenhängen. Wie bereits erwähnt, hatte im 17. Jahrhundert der französische Philosoph René Descartes (1596–1650) das sogenannte Leib-Seele-Problem in den philosophischen Denkprozess aufgebracht. Im Großen und Ganzen bietet die Philosophie zwei grundsätzlich verschiedene Lösungsansätze an. Zum einen versucht der Dualismus zu belegen, dass das Materielle und das Geistige zwei unterschiedliche Phänomene sind. Hingegen für den Monismus nur die Welt der Materiellen zählt. Aus diesem Grund sieht der

Monismus das Mentale in der Regel als Illusion
beziehungsweise letztendlich als physisch an.

»Alles ist beseelt
Der australische Philosoph <u>*David Chalmers*</u> *kritisiert sowohl*
die Identitätstheorie als auch den Funktionalismus. Alle
Versuche, Bewusstsein auf physische Grundlagen
zurückzuführen, seien gescheitert. Für ihn besteht die
Konsequenz in der Rückkehr zum Dualismus. Allerdings
vertritt er keinen Dualismus von Substanzen, wie ihn Descartes
proklamierte, sondern einen Dualismus von Eigenschaften,
physischen und phänomenalen.
Nach Chalmers wäre es sogar denkbar, dass Bewusstsein – im
eingeengten Sinne von Qualia – ein fundamentaler Baustein
einer physisch verstandenen Welt sein könne. Wenn
Bewusstsein eine nicht weiter reduzierbare Größe wäre,
ähnlich wie Masse oder Energie, dann stecke vielleicht in
jedem Lebewesen oder sogar in jedem unbelebten Gegenstand
mehr oder weniger Bewusstsein, abhängig von der
Komplexität des betreffenden Wesens oder Dings. Es wäre
dann ›irgendwie‹, ein Grashalm zu sein. Aber ein solcher
Panpsychismus, dem zufolge alles mit Bewusstsein beseelt ist,
ist für viele Philosophen schwer zu akzeptieren.« Zitat Ende. [40]

Vergl.: https://www.dasgehirn.info/denken/bewusstsein/das-raetselhafte-bewusstsein
Autor: <u>Dr. Christian Wolf</u> abgerufen am 06.10.2021.
Wissenschaftliche Betreuung: <u>Prof. Dr. Tobias Schlicht</u> Veröffentlicht: 28.08.2013,
abgerufen am 06.10.2021.

Bewusstsein aus religiöser Sicht.

Gibt es ein nicht zu lösendes Patt zwischen Religion und Naturwissenschaft?

Dr. Christian Hoppe ist Neuropsychologe und katholischer Theologe am Universitätsklinikum Bonn.
Laut Christian Hoppe ist zunächst festzuhalten, ob es wirklich ein nicht zu lösendes Patt zwischen der Naturwissenschaft und der Religion gibt.

Laut Christan Hoppe, wie auch schon von mir erwähnt, lässt sich bis zum heutigen Tage in der Hirnphysiologie das Bewusstsein nur durch modernste Mittel, wie z. B. durch ein MRT, erforschen. Gemeint ist hier die sogenannte Magnetresonanztomographie. Es ist ein Verfahren, welches mit Magnetfeldern und Radiowellen Schnittbilder Ihres Körpers erzeugt. Besonders gut im Bild darstellbar sind dabei Weichteilgewebe wie Gehirn und innere Organe. Hier ist jedoch, lediglich, wenn überhaupt, der Zuständigkeitsbereich des Gehirns auszumachen, wo das Bewusstsein liegt. Wie es aber funktioniert (z. B. Emotionen), lässt sich bis zum heutigen Tage nicht nachweisen.

Aus diesem Grund stellt sich die Frage, welche biologischen Voraussetzungen unseres Bewusstseins in der heutigen Zeit – genauer gesagt völlig unabhängig von der möglichen Antwort, welche man vielleicht finden könnte – ist aus methodischen Gründen eine naturwissenschaftliche Frage; sie ist der Zuständigkeit von Philosophie und Religion völlig entzogen. Selbst ständige philosophische Betrachtungen und auch eine jahrelange Meditation (innere Selbstbeobachtungen) hier auch eingeschlossen ist dann das unmittelbare beziehungsweise ableitende Erlebnis von außergewöhnlichen Zuständen des

Bewusstseins. Sie können keinerlei Erkenntnisse über die Rolle darstellen, der diesem bewussten Erleben und Denken potentiell zugrunde liegenden Hirnprozesse vermitteln. Das Gehirn kommt jedoch in der persönlichen beziehungsweise eigenen Leiberfahrung nicht vor.

Jedoch gilt die These aber, dass Existenzbehauptungen – gemeint ist hier die Behauptung, dass X tatsächlich (jenseits jeglicher Vorstellungskraft) existent ist – auf dem Wege, die sich auf wissenschaftliche Erfahrung stützt, um Erkenntnisse zu gewinnen, nicht widerlegt werden können. Es ist nicht möglich, überall und zu jeder Zeit zu suchen. Empiriker – jemand, der aufgrund von Erfahrung denkt und handelt – können daher nur konstatieren: »*Wir haben X da, wo wir bisher gesucht haben, zum Zeitpunkt unserer Suche und mit den bisher verfügbaren Untersuchungsverfahren nicht finden können. Wohlweislich wird ja die Existenz immaterieller, rein geistiger Entitäten durch die Religionen weder örtlich noch zeitlich näher bestimmt: es gibt sie wirklich – wo und wann genau, das weiß natürlich kein Mensch; wenn nicht hier auf Erden, dann eben in einer zweiten Welt hinter unserer irdischen Wirklichkeit (›im Himmel‹). Religiöse Existenzbehauptungen sind durch ihre örtlich-zeitliche Unbestimmtheit gegen empirische Falsifikation immunisiert. Anders gesagt: es handelt sich dabei um modale Aussagen über denkbare, mögliche andere, jenseitige Welten, in welchen sich ihr Wahrheitswert erst entscheiden wird (so es sie denn gibt).*« Zitat Ende. Eine Entität ist ein Begriff aus der Philosophie. Eine Entität beschreibt das Wesen beziehungsweise die Identität eines konkreten oder abstrakten Gegenstand des Seins. Entitäten sind eindeutig identifizierbar und damit einzigartig – durch die Religionen weder örtlich noch zeitlich bestimmt. Dennoch ist sie existent. Wo sie sich befindet und zu welchem Zeitpunkt, entzieht sich dem Wissen des Menschen. Sie ist in einer Dimension zu finden, die das menschliche Hirn bei Weitem überfordert beziehungsweise unbegreiflich macht.

Beachtet werden muss dabei, dass religiöse Behauptungen für eine Existenz nur durch ihre örtlich zeitliche Unbestimmtheit gegen empirische Falsifikation (Widerlegung einer wissenschaftlichen Aussage durch ein Gegenbeispiel) immunisiert sind, oder anders ausgedrückt, es handelt sich dabei um modale Aussagen über vorstellbare beziehungsweise denkbare, mögliche andere Dimensionen beziehungsweise jenseitige Welten, in denen sich ihr Wahrheitswert erst entscheiden wird – so sie dann existent ist –.

Was der Religion bleibt, ist die Auseinandersetzung mit den zu ihren eigenen Lehren unverträglichen Erkenntnissen der empirischen Naturwissenschaften stets der zutreffende, aber völlig unspezifische Verweis, bezogen auf unser Bewusstsein: Dass wir erst am Anfang stehen, die noch nicht gelösten Rätsel wissenschaftlich zu erklären.

Es ist durchaus vorstellbar, dass es irgendwann eine verständliche beziehungsweise begriffliche Lösung des Leib-Seele-Problems gibt, ob unser Bewusstsein unabhängig von unserem Körper weiter existiert.

Was ist aber mit Bewusstlosigkeit?

Selbstverständlich gibt es Phasen, in denen ich oder auch Sie nicht bei Bewusstsein sind. Zum Beispiel beim Schlafen oder auch bei einer Narkose, bei denen man ohne jegliches Bewusstsein sein sollte.

Wenn es also Bewusstlosigkeit gibt, so ist es ohne Zweifel, dass Bewusstsein kein Ding an sich, keine Substanz sein kann, sondern eben ein zum Wesen einer Person gehörendes

Merkmal beziehungsweise eine Funktion meines eigenen Organismus sein muss.

Aus welchem Grund?

Da das Bewusstsein des Menschen im Wesentlichen durch das *»bei Bewusstsein«* bestimmt wird, aus diesem Grund kann es seinem Wesen nach nicht als bewusstlos bezeichnet werden. Es gibt kein bewusstloses Bewusstsein. Es wäre völlig ohne jeden Sinn.
Wäre oder ist unser Bewusstsein ein Ding, welches vom Zustand meines eigenen Organismus vollkommen unabhängig existiert (selbständig = substanziell), so müsste unser Bewusstsein ohne Wenn und Aber zwangsweise zu jeder Zeit bei vollem Bewusstsein sein. Die Norm wären dann zum Beispiel außerkörperliche Erfahrungen, sobald man in den Schlaf oder in einen Trancezustand versinkt. – Sie haben bestimmt schon mal davon gehört –. Verhält es sich so, dass mein Bewusstsein ein Ding beziehungsweise eine Substanz ist, dann ist es unmöglich, jemals ohne Bewusstsein zu sein.

Die Argumentation erfolgt hier zunächst auf einer philosophischen-konzeptionell beziehungsweise nachvollziehbaren, aus dem Begriff der Bewusstlosigkeit gegen den Substanzendualismus, Bedeutung: Philosophie des Geistes: eine Position, die annimmt, dass jeder Mensch neben dem Körper eine von diesem unabhängige, immaterielle Substanz, die Seele, besitzt, die das eigentliche Wesen des Menschen ausmacht.

Sollte der Begriff der Bewusstlosigkeit real sein – was ich mir nur schwer vorstellen kann –, dann wäre damit auch durchaus real angezeigt, dass unser Bewusstsein eine bestimmte

Eigenschaft beziehungsweise eine bestimmte Funktion von wechselnden Zuständen eines Organismus sein muss, das bedeutet, dass es hier keine Substanz und kein Ding im wahrsten Sinne sein kann. Der Grund dafür ist, dass ein bewusstloses Bewusstsein einen Widerspruch in sich selbst darstellen würde.

Mögliche Einwände?

Als Einwände könnte man entgegenhalten, dass die Möglichkeit besteht, dass man während einer scheinbaren Bewusstlosigkeit möglicherweise doch alles bewusst erleben, jedoch später sich an nichts mehr erinnern kann.

Natürlich läuft dieser Einwand darauf hinaus abzusprechen, dass Bewusstlosigkeit existent ist. Wie vorher bereits erwähnt, kann dieses Argument nur dann funktionieren, wenn man einräumt, dass die Realität von Bewusstlosigkeit eine Voraussetzung in diesem Einwand darstellt.

Als Gegenargumentation besteht dann immer noch der skeptische Einwand, dass wir doch immer auf irgendeine Art und Weise bei Bewusstsein sind. Diesem Einwand könnte man dann wie folgt begegnen: Es ist völlig undenkbar, dass das sogenannte Ich-Bewusstsein ein Ding ist, würde es sich so verhalten, so wäre man nicht nur ständig bei Bewusstsein, ja man müsste stets davon wissen. Hätte man also ein Ich-Bewusstsein, welches man selbst nicht bemerken würde, so wäre dies wieder ein Widerspruch in sich. (Ein substantielles, hirnunabhängiges Ich-Bewusstsein ist für die Frage der unsterblichen Seelen wichtiger als die Idee eines fortdauernden, von niemandem bemerkten ich-losen phänomenalen Bewusstseins.)

Ein weiterer möglicher Einwand wäre, dass unser Bewusstsein stets auch noch ein absolutes Bewusstsein sein könnte, damit ist gemeint eines, bestehend aus einer einfachen Substanz wie beispielsweise Materie oder Energie. Christof Koch, ein US-amerikanischer Neurowissenschaftler, neigt wohl seit neuerer Zeit zu dieser Auffassung *(Bezug, in einer Sendung im Deutschlandfunk, August 2014).*

Folgt man dem vorstehenden Argument, so ist diese Art von Bewusstsein nicht das, womit sich nicht wenige einverstanden erklären könnten. Es bliebe dann die Frage, wessen Bewusstsein dieses absolute Bewusstsein zuzuordnen ist beziehungsweise von wem es ständig erlebt wird. Vergessen wir nicht, dass ein Bewusstsein, welches von niemandem erlebt werden kann, kein Bewusstsein wäre. Ganz zu schweigen von einem Ich-Bewusstsein.

Wenn man sich vorstellt, dass der Realität eine sogenannte Innenperspektive innewohnt, die selbstverständlich – nimmt man es genau – objektiv leider nicht beobachtet werden kann, dass die Welt immer schon so gesehen wird, entspricht genau das der Idee des Theismus (*Lehre von einem persönlichen Gott als Schöpfer und Lenker der Welt*) beziehungsweise der Schöpfung.

Bliebe dann noch die Frage, wenn das Bewusstsein eine Substanz und dementsprechend von materiellen Voraussetzungen unabhängig ist, aus welchem Grund ist dann das Auftreten unseres Bewusstseins an materielle Voraussetzungen gekoppelt? Wie ist es möglich, Phasen meiner Bewusstlosigkeit zu erklären, wenn unser absolutes Bewusstsein doch immer besteht?

Aus welchem Grund haben wir beispielsweise nicht immer und ausnahmslos tiefe mystische Erfahrungen vom Eindringen in das absolute Bewusstsein, wenn während einer Narkose oder auch im Schlaf unser ich-gebundenes, begrenztes Alltagsbewusstsein völlig verschwindet?

Ist es nicht eher so, dass ein absolutes Bewusstsein, über das gerade geschrieben wurde, mit unserem Bewusstsein so viel gemein hat beziehungsweise nicht gemein hat, wie die Milchstraße oder der Andromedanebel in unserem Universum mit unserer materiellen Substanz irgendetwas zu tun hat oder auch nicht zu tun hat? Wie ist es dann, wenn das absolute Bewusstsein unsere Bewusstlosigkeit nicht erklären kann – wie ist sie dann, diese unbewiesene Annahme, einzuschätzen, um wirklich dann zur Klärung meines individuellen Bewusstseins beizutragen?

Zu konstatieren ist, vor dem Hintergrund der Realität von Bewusstlosigkeit wird die These oder der Gedanke über ein gegenständliches, körperliches oder auch materielles Bewusstseinsding, egal ob es unumschränkt beziehungsweise souverän oder aber auch auf einzelne Personen, zu einer inhaltslosen Annahme beziehungsweise Auffassung. Für unsere Bewusstseinszustände suchen wir nach einer Erklärung, die nicht nur auf eine Möglichkeit beschränkt ist. Jedoch kann man dies von einem Bewusstseinsding naturgemäß nicht erwarten. Der Grund ist, dass dieses wesensmäßig sich ständig bei absolut vollem Bewusstsein befinden muss. Unser Bewusstsein ist kein Gegenstand, es ist vielmehr die kovariante Eigenschaft eines variablen aus mehreren Einzelteilen zusammengesetzten Ganzen.

Wie sehen die möglichen Konsequenzen für die Religionen hier am Beispiel der unsterblichen Seele eigentlich aus?

Alle Religionen sehen die Wahrheitswerte über ein Vorhandensein beziehungsweise Bestehen in der Aussage, dass immaterielle Wesenheiten im Endeffekt nicht in der diesseitigen beziehungsweise irdischen, wissenschaftlich zugänglichen Wirklichkeit bestimmt, in der wir uns befinden. Aus dieser Sicht, sind wohl religiöse Aussagen über die Existenz immaterieller geistig-seelische Wesenheiten wohl erst in einer höchst wahrscheinlicheren anderen Dimension (Jenseits) festzustellen.

Nimmt man es genau, so sind diese religiöse Thesen über eine mögliche andere Dimension (Jenseits) als modale Thesen anzusehen. Lediglich die logische Art des Zusammenhalts eines Stoffes beziehungsweise die Beschaffenheit, nicht der aktuelle empirische Wert, ist entscheidend für ihre mögliche Wahrheit. Natürlich ist dabei verständlich, dass im Endeffekt nicht alle Religionen wahr sein können – die Ausnahme wäre wohl dann, dass es mehrere Jenseits(e) geben würde. Davon ist aber nach dem heutigen Wissen wohl nicht auszugehen. Die heutige Wissenschaft ist für die aktuelle Realität zuständig und trägt dafür auch die Verantwortung. Früher waren dies noch die Religionen.

Besteht überhaupt die Möglichkeit, dass unsterbliche Seelen in einer anderen Dimension existieren? Wäre es möglich, meinen eigenen Tod zu überleben? Könnte man sich das entsprechend beziehungsweise folgerichtig vorstellen, selbst wenn es für diese Aussage keine wissenschaftliche Erfahrung beziehungsweise Belege gibt? Diese Aussagen wären dann eine essenzielle, jedoch keine ausreichende Bedingung für eine rationale Überlegung eines Jenseitsglaubens.

Wichtig dabei ist, dass eine unsterbliche Seele – so sie dann in einer anderen Dimension existieren kann oder auch wird, und sie dann auch noch dazu völlig konform beziehungsweise übereinstimmend mit einer ganz bestimmten irdischen Seele

sein sollte – seine wesentliche Besonderheit bereits abgelegt
haben müsste. Gemeint ist hier die Möglichkeit, phasenweise
ohne Bewusstsein zu sein. Wir erinnern uns hier an die
Ohnmacht oder auch den Schlaf.

Anders gesprochen, die Seele müsste dann im Tod von der
Beschaffenheit des Organismus zu einer Substanz werden.

Zu dieser gängigen, aber unbeständigen Auswahlmöglichkeit
wäre der Ansatz, dass eine unsterbliche Seele durchaus bei
Bewusstsein sein könnte, allerdings in einem unterschiedlichen
Grad. Auch nach dem Tod wäre das Bewusstsein immer noch
eine zum Wesen einer Person oder Sache gehörendes Merkmal.
Die Seele selbst unter dieser Anschauungsweise wäre nicht
mehr eine sogenannte geistig-seelische, sondern sie wäre
vielmehr der verwandelte ätherisch-geisterhafte Träger eines
sogenannten geistig-seelischen Ich-Bewusstseins, welches die
Beschaffenheit auch weiterhin tragen würde. Gemeint ist, die
Stetigkeit beziehungsweise der Fortbestand, in welchem man
seine, eigenen prä- und postmodernen Existenz gewiss wird.

Bei dieser These wäre die Unsterblichkeit, gemeint ist hier das
Überleben des eigenen Todes in der Verwandlung der
Leiblichkeit beziehungsweise der Übertritt von der irdischen
materiellen Existenz in eine jenseitige ätherisch-seelenhafte
Form der Existenz. Das Elementare dabei ist, unser
Bewusstsein beziehungsweise das Geistig-Seelische bleibt
absolut unverändert. Das trifft auf jedes menschliche
Individuum zu. Wir nehmen unsere Persönlichkeit
beziehungsweise unseren Charakter, all das, was uns als
Mensch ausmacht, mit hinüber. Bei dieser Verwandlung ist
nichts von dem betroffen, was vorher erwähnt wurde. Die
persönliche Eigenschaft beziehungsweise das Bewusstsein
würde dann ausschließlich beziehungsweise uneingeschränkt
durch einen verwandelten Leib beziehungsweise Astralkörper –
(von lateinisch astralis »sternartig«) dies ist ein Begriff zur

Bezeichnung einer unsichtbaren, wolkenartigen »Hülle«, welche nach manchen religiösen Lehren den Menschen beziehungsweise dessen Seele umgibt und zusammen mit der Freiseele den Tod des materiellen Körpers überdauert – getragen. Unser Leib beziehungsweise unsere Seele sind ab diesem Zeitpunkt nicht mehr – wie sonst üblich – die analogen Andersdenkenden, welche eine gegenteilige Anschauung vertreten, des Materie-Geist- beziehungsweise des Gehirn-Bewusstseins-Problems, vielmehr wäre unsere Seele dann eine sogenannte postmortale – nach dem Tod (am, im toten Körper) – auftretende zum Wesen einer Person gehörende Erscheinungsform des irdischen Leibes, die nach dem Ableben das mit sich Geistig-Seelische einer Person im Sinne einer Eigenschaft (die eigene Persönlichkeit) trägt. Die Seele ist somit selbst der Träger, die dann selbst als verwandelter Leib (Körper) aufgefasst würde, welcher mein persönliches Bewusstsein zum Wesen einer Person trägt. Handelt es sich um eine Verwandlung, so tritt diese für den Menschen völlig neue Substanz seines geistig-seelischen Daseins nicht erst im Tod auf. Es ist anzunehmen, dass sich auch bereits zu unseren Lebzeiten hinter der Materialität eines Körpers, dieser ebenso als Träger des Bewusstseins ist.

Die Seele beziehungsweise unser Bewusstsein verlässt nach dem Tod den Körper und lässt die Leiche zurück, da der tote Körper keine Verwendung mehr hat. Seele, Geist (Bewusstsein) treten in eine andere Dimension – so unter anderem der christliche Gedanke.

Dabei ist hier natürlich zu bemerken, dass diese These in Abwesenheit empirischer Belege steht.

Dies bedeutet, dass zusammengefasst in unserem hiesigen Leben beziehungsweise im Diesseits unser Organismus, welcher aus Materie besteht, das geistig-seelische Leben trägt, als das zum Wesen gehörende Merkmal einer Person. Bewusstsein ist hier also keine Substanz, es besteht nicht als sogenanntes Ding im herkömmlichen Sinne.

Wir verstehen darunter, dass unser Ich-Bewusstsein auch von etwas anderem als von einem materiellen Körper getragen werden kann –. Dazu sagt Christan Hoppe: »*Dieses Andere erwiese sich im Nachhinein als das Eigentliche des Leibes in Bezug auf seine Fähigkeit, Bewusstsein zu tragen, und es wäre unsterblich, so dass schlussendlich ich selbst als bewusstes, geistig seelisches, stets leibhaftiges Wesen unsterblich wäre.*« Zitat Ende. [41]

Zitate

»Religion und Naturwissenschaft schließen sich nicht aus, wie heutzutage manche glauben und fürchten, sondern sie ergänzen und bedingen einander. Für den gläubigen Menschen steht Gott am Anfang, für den Wissenschaftler am Ende aller Überlegungen.«

Prof. Dr. Max Planck, Physiker, Begründer der Quantentheorie.

»Ich glaube nicht, dass Wissenschaft und Religion notwendigerweise Gegensätze sind. Ich denke vielmehr, es gibt zwischen beiden eine sehr enge Verbindung. Außerdem glaube ich, dass Wissenschaft ohne Religion lahm ist und Religion ohne Wissenschaft blind. Beide sind wichtig und sollten Hand in Hand arbeiten...«

Albert Einstein in Peter Buckey, »Der private Albert Einstein«.

vergl.https://www.janhaugg.de/wissenschaft_und_glaube_ziate_beruehmter_wissenchaftler/

Ist unser Bewusstsein im Gehirn zu suchen?

Laut Prof. John-Dylan Haynes vom Bernstein Center for Computational Neuroscience Berlin ist es nicht möglich, eine genaue Stelle beziehungsweise eine präzise Zuordnung von Gedanken oder auch Wahrnehmungen beziehungsweise Aktivitäten einem einzigen, genau festgelegten Hirnareal zu bestimmen. Es gibt im Gehirn keine »Bewusstseinszellen«. Natürlich ist aber jeder einzelne Gedanke einem unverwechselbaren Muster unterlegen im Bewegungsdrang eines gesamten Gehirns. Dieses Modell beziehungsweise Entwurf ist unterschiedlich und individuell. Der Grund dafür ist, jedes Individuum bringt eine bestimmte Wahrnehmung mit etwas anderem in Verbindung. »Wer beispielsweise von einem Hund gebissen wurde, wird das Tier ganz anders wahrnehmen als jemand, der als Kind oft mit einem Hund gespielt hat. All das spiegelt sich im Aktivitätsmuster des Hirns wider.« [42]

Ist das Bewusstsein ein eigenständiges Konstrukt?

Das Bewusstsein wird mittlerweile auch von vielen namhaften Neurowissenschaftlern als auch Philosophen des 20. beziehungsweise des 21. Jahrhunderts als ein mögliches eigenständiges Gebilde ohne jegliche Substanz angesehen. Dieses vehement zu bestreiten, könnte sich als Gipfel menschlicher Arroganz herausstellen.

Zitat

*Der Körper kann ohne den Geist nicht bestehen, aber der Geist
bedarf nicht des Körpers.*

Erasmus von Rotterdam

Quelle: http://zitate.net/bewusstsein-zitate?p=5

Psyche, Seele und Geist

Was sind Psyche, Seele und Geist?

»Die Seele ist Form des Leibes (forma corporis) und teilt ihm ihr Sein mit. Umgekehrt ist aber auch der Geist zur Erkenntnis auf den Leib und seine sinnliche Vermittlung angewiesen. Alle geistigen Erkenntnisse werden mittels des ›tätigen Intellekts (intellectus agens)‹ von den Sinneswahrnehmungen abstrahiert.«[43]

Was ist Psyche beziehungsweise Seele und Geist?

Psyche, sie betrifft die Gesamtheit des menschlichen Fühlens, Empfindens und des Denkens; im spirituellen Bereich wird die Psyche Seele genannt. *»Im Gegensatz zur Seele umfasst die Psyche keine transzendenten Elemente.«*

Seele: Gesamtheit dessen, was das Fühlen, Empfinden, Denken eines Menschen ausmacht. Psyche oder die menschliche Seele. Im religiösen Glauben ist die Seele substanz-, körperloser Teil des Menschen, welche nach dem Tode weiterlebt. [44]

Wichtig hierbei ist, dass der Körper, Geist und Seele in unterschiedlichen Zusammenhängen verschiedenartig verwendet werden. Bedeutsam beziehungsweise wesentlich ist, dass man in der westlichen Philosophie vom Körper spricht, gemeint ist der Körper, den man anfassen kann. Als nächstes dann der Geist, hier ist der Bezug eher an das Denken beziehungsweise die Worte gerichtet. Die Seele ist dann mehr in dem Bereich der Emotionen und Gefühle zu suchen. [45]

Trotz moderner Neurowissenschaften birgt die Psyche (Geist) noch zahlreiche Rätsel und Geheimnisse. Auch nach Jahrhunderten der Forschung ist die menschliche Psyche im

Kern wissenschaftlich wohl nicht ganz zu erklären. Es übersteigt wohl das menschliche Hirn bei Weitem und überfordert uns. Es könnte sein, dass die wesentliche Maschine des Menschen, das Gehirn, noch mächtiger ist, als es uns überhaupt bewusst ist (…).

Zitat

Glauben und Wissen verhalten sich wie die zwei Schalen einer Waage:
in dem Maße, als die eine steigt, sinkt die andere.

Arthur Schopenhauer

Wann wurde der Begriff Seele als philosophischer Terminus
zum ersten Mal verwendet?

Seele   altgriechisch = ψυχή

Leib   altgriechisch = σῶμα

hauchen   altgriechisch = καπύω

*»I. Antike. – 1. Vorsokratiker. – Die Wörter Seele und Leib
werden bei Homer nie für den lebenden Menschen gebraucht.
Seele bedeutet den Leichnam; von der weiß Homer nur, dass
sie im Tode den Menschen verlässt und dass man sie im Kampf
einsetzt, verlieren kann, zu retten versucht usw. Seele hängt
zusammen mit hauchen: Es bezeichnet den Lebensodem, der
durch den Mund oder die Wunde den Sterbenden verlässt (1).*

Für das bewusste seelische Leben hat Homer ein vielfältiges
Vokabular wie zum Beispiel Zwerchfell, Mut, und Sinn. Homers
Seelen- Vorstellung weist Entsprechungen zur Lehre des
›Weda‹ (Wissen, heilige Lehre) auf; der ›Weda‹ unterscheidet
zwischen der Körperseele, welche den Leib mit Leben und
Bewusstsein erfüllt, und der freien Seele, welche erst bei
Bewusstlosigkeit und nach dem Tod tätig wird. Letztere ist vor
allem belegt durch die Totenbeschwörung in der ›Odyssee‹, wo
die Seele wie ein sogenanntes Traumbild umherfliegt (2).«*

*»Wichtigstes Zeugnis für die Vorsokratiker ist der
doxographische Bericht (Meinung, Ansicht) des Aristoteles in
(De anima **) vor allem für Heraklit (war ein vorsokratischer
Philosoph) wird es durch Fragmente ergänzt. Die Seele ist das
<u>Bewegende</u> und <u>Erkennende</u> (3). Thales sieht in ihr ein im*

gesamten Kosmos anwesendes göttliches Prinzip der Bewegung(4).« Zitat Ende.

»Für Anaximenes*** ist die Seele die Luft, die uns durch ihre Kraft zusammenhält (5). Nach Demokrit **** ist die Seele der bewegende warme Lebensatem. Sie besteht, wie das Feuer, aus kleinen runden Atomen, die überall hindurchdringen und so die anderen Atome bewegen können (16). Eine ausführliche Moralpsychologie findet sich in den in ihrer Echtheit umstrittenen ethischen Fragmenten: Die Seele ist wertvoller als der Leib, der ihr Werkzeug ist. In ihr wohnen Glück und Unglück. Sie ist Sitz des sittlichen Bewusstseins, der Begierden, Leidenschaften und des Schmerzes (17).

Heraklit bietet in der vorsokratischen Philosophie das reichste Bild der Seele; ihr Verhältnis zum Leib wird in einem allerdings erst für das MA bezeugten Fragment (19) durch das Bild der Spinne dargestellt, die Verletzungen ihres Netzes empfindet und heilt. Die S. ist das Vermögen des Verstehens in einem umfassenden Sinn (20); sie ist eingebettet in den Kreislauf der Elemente (21) und hat zugleich, als grenzenloser Ursprung von allem (22), einen unbegrenzten tiefen Sinn (23); sie kann sich zum Lichtglanz (24) des göttlichen Feuers (25) läutern.« Zitat Ende.

Anmerkungen. (1) B. Snell: Die Entdeckung des Geistes ([6]1986) Kap. I – (2) Homer: Od. XI, 222. .– (3) Aristotelesw: De an. 1, 2, 404 b 28. – (4) 405 a 19f.: 5, 411 a 8. – (5) Anaximene: VS 13, B 2. -(16) Aristoteles: DE an !, 2, 403 b 31–404 a 16; 405 a 8–13. – (17) Demokrit: VS 68; B 187. 159. 170f. 264. 72. 31. 290. – (18) Diogenes von Apollonia: VS 64, B 6; Aristoteles: DE an. I, 2, 405 a 21–25. – (19) Heraklit: VS 22, B 67a. – (20) B107. -(21) 36. – (22) A 15 (Aristoteles: De an. I, 2, 405 a 25f.); B45(23) B45. – (24) B118. – (25)B 16. 67.

»Der (Phaidon *****) sieht die Seele vom Tod, der ›Trennung der Seele vom Leib‹ (20), her. Das erklärt seinen Dualismus. In der Gegenüberstellung zum Leib wird die Einfachheit der S. betont. In den mittleren Büchern des (Staates) sind dagegen die verschiedenen Strebungen des Menschen der Ausgangspunkt. Platon unterscheidet zwischen dem Streben nach Wissen, dem Zorn und der Begierde nach Nahrung und Zeugung, und er fragt, ob wir jedes von ihnen ›mit der ganzen Seele‹ oder jeweils mit einem anderen (Teil) tun (21). Weil diese Antriebe einem widersprechen können, scheidet die erste Möglichkeit aus, und es ergibt sich eine Dreiheit: das Begehrende, das Muthafte und das Überlegende, dem es zukommt zu herrschen, weil es für die ganze Seele sorgt (22). Diese Teile der S. werden von (Timaios) im Unterleib, Brustkorb und Kopf lokalisiert (23). Der Phaidros gebraucht für sie das Bild der ›zusammengewachsenen Kraft eines Gespanns und eines Wagenlenkers.‹ (24). Es soll die Einheit der S. zeigen, die in deren Transzendenzbezug besteht (25), und die Trichotomie (Anschauung von der Dreigeteiltheit der Menschen in Leib, Seele und Geist) mit der Reinkarnationslehre verbinden. Nach dem Timaios (Der Timaios (altgriechisch Τίμαιος Tímaios, latinisiert Timaeus) ist ein in Dialogform verfasstes Spätwerk des griechischen Philosophen Platon.) sind das Begehrende und das Muthafte sterblich (26), wogegen das Bild des ›Phaidros‹ die Unsterblichkeit der ganzen Seele voraussetzt.«

»Platons ethischer Begriff der S. ist zusammengefasst in der Formulierung der ›Gesetze‹: ›Seele‹ bezeichne ›den, der jeder von uns in Wahrheit sei‹(27). Sie ist vor dem Hintergrund des Buches des ›Staates‹ zu lesen: Im Unterschied zum Leib könne die S. nicht an dem ihr eigenen Übel, der Ungerechtigkeit, zugrunde gehen. Die Seele ist also der Träger der sittlichen Verantwortung, welche der Mensch sich auf keine Weise

*entziehen kann. Sie ist das Vermögen der Lebens- und
Charakterwahl; die Sorge um die S. besteht im Erwerb des
Wissens, das uns zur richtigen Zeit befähigt (28).*

*Spätestens seit dem ›Phaidros‹ sieht Platon in der S. auch ein
kosmisches Prinzip. ›Jede S. ist unsterblich‹; ›Jede Seele sorgt
sich um alles Unbeseelte‹ (29). Diese beiden Allaussagen
gelten von der menschlichen und der kosmischen S.; ihre
Unsterblichkeit folgt im ›Phaidros‹ daraus, dass sie als sich
selbst bewegend Ursprung der Bewegung ist (30). Mit
derselben Begründung zeigen der ›Timaios‹ und die Gesetze,
dass die S. ›früher‹ und älter ist als alle Körper. (31). Dass die
Welt ein ›beseeltes Lebewesen‹ ist, ergibt sich für den
›Timairos‹ aus der neidlosen Güte des Weltordners. Er sah,
dass das mit Vernunft Begabte besser sei als das Vernunftlose,
dass aber ohne S. nichts an der Vernunft teilhaben könne (32).
Der Bericht über die Mischung der Welt-S. aus den
ontologischen (Lehre vom Sein, vom Seienden) Bestandteilen
des Unveränderlichen, Unteilbaren und Identischen mit dem
veränderlichen, Teilbaren und Verschiedenen soll die
Zwischenstellung der S. zwischen dem immer Seienden und
dem immer Werdenden versinnbildlichen. (33)«* Zitat Ende. [46]

Zitat

Glaube und Zweifel bedingen einander wie Ein- und Ausatmen; sie gehören zusammen.

Hermann Hesse

Quelle: http://www.worte-projekt.de/hesse.html

*Homer stammte vermutlich aus Kleinasien, war ein griechischer Dichter, welcher vor ungefähr 2800 Jahren gelebt hat. Er gilt als der Urvater der europäischen Dichtkunst. Seine beiden Epen (Dichtungen) »Ilias« und »Odyssee« sind die ältesten Werke der Literatur der abendländischen Hemisphäre. [47]

**Anima bedeutet: »Animus und Anima sind Begriffe aus der Analytischen Psychologie von Carl Gustav Jung.… Wortherkunft: Die Begriffe sind aus dem Lateinischen abgeleitet, im Wesentlichen bedeuten beide ›Seele/Geist‹, jeweils grammatisch männlich (animus) oder weiblich (anima).« Zitat Ende. [48]

***»Anaximenes ca. *585 v. Chr. in <u>Milet</u>; † zwischen 528 und 524 v. Chr.) war ein <u>antiker griechischer Philosoph</u> und <u>Astronom</u>. Er wird zu den <u>Vorsokratikern</u> gezählt.« Zitat Ende.[49]

**** »Demokrit (griechisch Δημόκριτος *Dēmókritos*, genannt auch Demokrit von Abdera; * 460 oder 459 vor Chr. in Abdera in Thrakien; † um 370 v. Christus.) war ein griechischer Philosoph, der den Vorsokratikern zugerechnet wird. Als Schüler des Leukipp wirkte und lehrte er in seiner Heimatstadt Abdera; er selbst beeinflusste Epikur.

Demokrit wurde in seinen philosophischen und wissenschaftlichen Arbeiten entschieden geprägt durch seinen Aufenthalt in Babylonien, einer Wiege der Wissenschaften zu seiner Zeit. Demokrit war Materialist und Hauptvertreter der antiken Atomistik. Er verfasste Schriften zur Mathematik,

Astronomie, Physik, Medizin, Logik, Ethik und Seelenlehre.«
Zitat Ende. [50]

***** »Der **Phaidon** (altgriechisch Φαίδων *Phaídōn*,
latinisiert *Phaedo*) ist ein in Dialogform verfasstes Werk des
griechischen Philosophen Platon. Wiedergegeben wird ein
literarisch gestaltetes Gespräch, das in eine Rahmenhandlung
eingebettet ist. Der Philosoph Phaidon von Elis, nach dem der
Dialog benannt ist, tritt in der Rahmenhandlung als Erzähler
auf. Er ist wie Platon ein Schüler des Sokrates.« Zitat Ende. [51]

Besteht ein Unterschied zwischen Psyche und Seele?

Nicht selten werden im heutigen Sprachgebrauch in vollem
Umfang die Gesamtheit jeglicher Gefühlsregungen sowie die
geistigen Vorgänge beim Menschen bezeichnet. Es bedeutet,
dass das Wort Seele in diesem Sinne gleichbedeutend mit der
Psyche, dem griechischen Wort für Seele, ist.[52]

Die Seele als Ausdruck hat diverse Bedeutungen. Es kommt
darauf an, aus welchen unterschiedlichen Blickrichtungen die
Seele gesehen wird. Seien es die mythischen, religiösen,
philosophischen beziehungsweise psychologischen Traditionen
beziehungsweise Überlieferungen und Lehren, in denen das
Wort Seele zum Ausdruck kommt.

Die Seele kann auch als Grundsatz beziehungsweise Leitlinie
angesehen werden. Es wird dabei angenommen, dass es diesen
Regungen und Vorgängen (also die Gesamtheit aller
Gefühlsregungen sowie alle geistigen Vorgänge beim
Menschen) zugrunde liegen, sie ordnet und auch körperliche
Vorgänge herbeiführt oder auch beeinflusst. Über all diesem

existieren noch religiöse, philosophische und spirituelle Konzepte, in denen sich die Seele auf ein unkörperliches, unstoffliches Prinzip bezieht. Das Ganze wird bei einem Individuum als Träger des Lebens und durch diese Zeit hindurch als beständige Identität verstanden.

Häufig ist damit die Annahme verbunden, dass die Seele hinsichtlich ihrer Existenz, vom Leib/Körper und damit auch verbunden der Verfall beziehungsweise der Tod des physischen Körpers völlig unabhängig und somit unsterblich ist. Der Tod wird dann als eine Trennung von Seele und Körper verstanden beziehungsweise gedeutet.[53]

Was bedeutet der Ausdruck »Guf« im Zusammenhang mit der Seele?

Zunächst steht dieser Begriff auf hebräisch für Körper. Man bezeichnet ihn gelegentlich auch als »Otzar« (hebräisch: Schatzhaus). Im rabbinischen Schrifttum wird er auch die Halle der Seelen genannt. Hier liegt die Vorstellung zugrunde, dass Gott alle Menschenseelen auf einmal erschaffen hat. Nach und nach verbinden sich dann die Seelen mit den Körpern, die vorher im »Guf«/»Otzar« aufbewahrt wurden.[54]

Hat der Mensch eine Seele?

Laut Prof. Dr. Philipp Stoellger, er studierte von 1987 bis 1994 evangelische Theologie und Philosophie in Göttingen, Tübingen und Frankfurt am Main, hat niemand sie jemals gesehen und dennoch ist die Seele unübersehbar. Ohne Zweifel sieht man jeder Maschine an, dass sie keine Seele hat beziehungsweise seelenlos ist. Bei einem Menschen sieht das anders aus, man sieht ihm an, dass er ein Mensch ist, wie doch der Spruch sagt, »mit Leib und Seele«. Nur was ist die Seele eigentlich? Da die Seele bisher keiner je gesehen hat, wirkt sie doch wie eine Anziehungskraft beziehungsweise Schwerkraft für Übertragungen von Bildern und Geschichten. Man könnte sagen, dass man die Seele wohl zuordnen könnte zu der Familie der Entzugserscheinungen. Will man sie zeigen, so zeigt sie sich nicht, will man sie greifen, so greift man vorbei. Sieht man zu genau hin, so sieht man nichts. Will man sie zeigen, so zeigt sie sich nicht. »*Und schon gar nicht dem direkten Zugriff mit Messer und Gabel der empirischen Wissenschaften.*« Zitat Ende. Es ist eher möglich durch einen indirekten Blick zum Beispiel der Hermeneutik (Methode ist ein systematisiertes, praktisches Verfahren, um Texte auf reflektierte Weise verstehen und auslegen zu können). Oder auch der Phänomenologie 1. (bei Hegel) Wissenschaft, Lehre, die die dialektisch sich entwickelnden Erscheinungsformen des [absoluten] Geistes in eine gestufte Ordnung bringt, die die historisch-dialektische Entwicklung des menschlichen Bewusstseins vertritt. 2. (bei Husserl) Wissenschaft, Lehre, die von der geistigen Anschauung des Wesens der Gegenstände oder Sachverhalte ausgeht, die die geistig-intuitive Wesensschau (anstelle rationaler Erkenntnis) vertritt.

Bezüglich der Seele könnte deren mehr oder weniger oft beklagte mangelnde Exaktheit sich als hilfreich erweisen. All

das, was sich nicht in diesem Konsens direkt zeigen lässt –
gemeint sind hier bildgebende Verfahren –, zeigt sich vielleicht
in Spuren, beispielsweise durch Gesten, Träume, Gestalten
oder auch durch Texte und Grundfiguren.[55]

Dr. Stefan Klein, geboren 1965 in München, ist Physiker,
Philosoph und der erfolgreichste Wissenschaftsautor in
deutscher Sprache. Er schreibt: *»Ernst Waelti wollte gerade
einschlafen, als er fühlte, wie sein Körper erstarrte. Er
versuchte, seine Hände zu bewegen, doch es gelang ihm nicht.
So sehr er sich anstrengte, auch nur einen Finger zu krümmen
– kein Muskel gehorchte. Nicht einmal mehr die Augen konnte
er öffnen. Furcht überkam ihn. Erlebte er gerade bei vollem
Bewusstsein, wie sein Organismus die Arbeit aufgab? Was
erwartete ihn?*

*Womöglich würde bald die Leichenkälte in Fingerspitzen und
Zehen eindringen, allmählich die Glieder hochkriechen, den
ganzen Körper erfassen.*

*Während er noch solchen Gedanken nachhing, beobachtete
Waelti, wie sich an seinem Körper tatsächlich etwas
veränderte: Seine Hände verdoppelten sich. Da waren seine
alten, nach wie vor steifen Hände. In ihnen schien aber nun ein
zweites Paar Hände zu stecken, die begannen, sich zu
bewegen. Mehr noch, er konnte die neuen Hände aus den alten
herausziehen! Wie wenn sie sich aus Handschuhen befreiten,
lösten sich die neuen Hände an den Fingerspitzen ab und
schlüpften aus der reglosen Hülle. Und als zögen sie immer
größere Teile seines Leibs nach, fühlte Waelti, wie sich nun
auch ein zweites Paar Arme von den erstarrten Gliedmaßen
abtrennte. Dann folgte der Rumpf, schließlich die Beine. Sein
ganzer Körper hatte sich verdoppelt. Und plötzlich glitt der
neue Leib durch eine Öffnung in Waeltis altem Schädel ins
Freie.*

Er war jetzt schwerelos. Beglückt stieß er sich ab und flog zur Zimmerdecke hinauf. Eine Zeitlang schwebte er über dem Bett. Unter ihm lag der andere Körper, noch immer gelähmt. Da packte ihn die Angst, er könnte seinen alten Leib verlieren. Waelti stürzte in seinen früheren Körper zurück.

Am nächsten Morgen erwachte er in euphorischer Stimmung. Später berichtete Waelti, in jener Sommernacht des Jahres 1979 habe sich ihm ein Spalt zur Unermesslichkeit aufgetan: ›Ein Fahrzeug stand für mich bereit, um in den unbekannten See der Seele hinauszufahren.‹ Bald verließ er seinem physischen Leib erneut, und mit jedem Austritt wurde er mutiger. Waelti schwebte über die Hausdächer und durch Wände. Er lernte mit dem Doppelkörper zu hören, zu tasten, sah Lichterscheinungen.

Zweifler mögen Waeltis Erlebnisse für Fantasterei halten, doch ist der Schweizer alles andere als ein esoterischer Spinner. Seine Erfahrungen beschrieb er mit der Akribie des Naturwissenschaftlers; Waelti ist Biochemiker an der Basler Universität. Und mit demselben Forschergeist, mit der er im Labor Viren untersuchte, untersuchte er nun auch seine eigene Natur und protokollierte, was er mit seinem Doppelgänger erlebte.Die einzigartige Sammlung seiner Berichte ist schon deswegen viel mehr als Kuriosum, weil immerhin jeder zehnte Mensch schon einmal außerkörperliche Erfahrungen gemacht haben will. Die meisten schildern einen Austritt, als sie wie Waelti still im Bett lagen. Das ist eine uralte Vorstellung, die ähnlich schon im altägyptischen Totenbuch auftaucht: Ba, ein geflügeltes Seelenwesen, schwebt über einem reglos daliegenden Körper. Auffallend oft erzählen auch Frauen und Männer, die dem Tod nahe waren und dann doch unter die Lebenden zurückgekehrt sind, sie hätten sich selbst eine Zeitlang von außen betrachtet. Wer eine solche Erfahrung gemacht hat, kann kaum noch annehmen, dass alles, was ihn ausmacht, Materie sein soll. Hat er nicht selber erlebt, wie der Geist alle Fesseln sprengen kann, die die Naturgesetze dem Körper anlegen?

Nicht zuletzt solche Erfahrungen ließen Menschen zu allen Zeiten fest daran glauben, dass wir viel mehr – oder etwas ganz anderes – sind als nur ein sterblicher Leib. Aber was? Mehr als die Hälfte der Deutschen gibt sich davon überzeugt, dass ihnen eine unsterbliche Seele wohnt: ein nicht materielles Etwas, das den eigentlichen Kern der Person ausmacht. Es könnte der Quell unserer Wahrnehmungen, Erinnerungen und Sehnsüchte sein – und könnte den Tod überwinden. Wenn Herz und Hirn einmal nicht mehr funktionieren, dann könnte die Seele ihr Gefängnis im Körper verlassen und ein Eigenleben beginnen – wie es Waelti mit seinem Doppelgänger widerfuhr.

Zwar haben die rasanten Fortschritte der Hirnforschung Zweifel an dieser Hoffnung gesät. Die Neurobiologen halten die Seele für eine Fata Morgana. Sie betrachten unser Gehirn als eine unendlich komplizierte Maschine. Demnach ist all unser Fühlen, Erleben und Denken das Ergebnis physikalischer Vorgänge im Kopf. In nicht allzu ferner Zukunft werden sich diese Mechanismen restlos entschlüsseln lassen, argumentieren viele Wissenschaftler: Dann wäre die Seele endgültig als Illusion entlarvt.

Aber es widerstrebt uns, an die nüchterne Botschaft der Forscher zu glauben. Und was so viele Menschen an der Idee einer Seele festhalten lässt, ist beileibe nicht nur an der Angst vor dem Tod – oder gar das Rätsel außerkörperliche Erfahrungen. Die eigentliche Schwierigkeit liegt tiefer: Wir fühlen uns überhaupt nicht wie die raffinierten Automaten, als die uns die Forscher beschreiben. Schon die alltäglichen Erlebnisse genügen, um uns stutzen zu lassen. Ich sehe eine rote Ampel. Die Hirnforschung erklärt diese Wahrnehmung durch die Bewegung von Molekülen im Kopf, die vom Lichteinfall einer bestimmten Wellenlänge ausgelöst wird. Doch ist meine Farbempfindung nicht etwas ganz anderes?

Und wer kennt nicht diesen schwer zu beschreibenden Zustand, wenn wir uns in Musik versenken, die Sterne am Nachthimmel betrachten oder uns einem Menschen so nahe fühlen, dass ›mein‹ und ›dein‹ unwichtig werden? Raum und Zeit scheinen dann nicht mehr zu zählen, der eigene Körper ist wie ausgelöscht. Und dennoch spüren wir uns gerade in solchen Momenten intensiver als sonst. Die Wahrnehmung wird überscharf. Das Gefühl einer unerschütterlichen Sicherheit über die eigene Existenz stellt sich ein: Ich bin da, so viel steht fest. Mehr als befremdlich erscheint es, dass dieses tiefe geistige Erleben von einem Körper ausgehen soll, der mir gegenwärtig so unwichtig vorkommt.

Darum ist die Idee einer Seele so verführerisch. Selbst wenn wir es wollten, könnten wir uns kaum gegen sie wehren. Dabei ist noch nicht einmal klar, was genau wir mit diesem Begriff eigentlich meinen. Er hat fast so viele Bedeutungen, wie sich Philosophen auf der Suche nach dem innersten Wesen des Menschen gemacht haben. Sie alle schwingen mit, wenn wir von der ›Seele‹ reden.

Bereits die Denker im antiken Griechenland haben sich in Widersprüche verstrickt. Sie gebrauchten das Wort ›Psyche‹, das auf altgriechisch schlicht ›Atem‹ bedeutet. Ihnen zufolge war die Seele der Lebensatem nicht nur des Menschen, sondern aller Geschöpfe. Thales, einer der ersten Naturphilosophen, hielt sogar Magneten und Bernstein für beseelt – schließlich bewegten sie sich durch die elektrischen Kräfte wie Lebewesen von selbst. Plato dagegen propagierte die Seele als Garant der Unsterblichkeit. Er berichtete, wie sein Lehrer Sokrates froh den Schierlingsbecher austrank, weil er überzeugt war, dass das Gift dem Kern seiner Person nichts anhaben könne. Denn die Seele sei vorübergehend und ungern im Leib eingesperrt.

Nicht einmal die großen Religionen können sich einigen, was die Seele ist – und ob es sie überhaupt gibt. Hindus etwa, die an den Ufern des Ganges ihre Toten verbrennen, sehen die Sache ähnlich wie der Philosoph Plato: Sie wollen die Seele vom Körper befreien, um die Wiedergeburt zu erleichtern. Buddhisten glauben ebenfalls an die Reinkarnation, bestreiten aber die Existenz einer Seele. In einen neuen Leib schlüpft nach ihrer Meinung nur eine veränderliche Ansammlung geistiger Eigenschaften, die nichts auf Dauer zusammenhält.

Auch dem Judentum war die Idee eines ewigen Lebens während der längsten Zeit seiner Geschichte fremd. Erst als die Rabbiner in der Ära um Christi Geburt mit der griechischen Philosophie in Kontakt kamen, sprachen manche unter ihnen von Unsterblichkeit. In diesem geistigen Umfeld entstand schließlich das Christentum. Es vertritt zwar die Existenz einer unsterblichen Seele, zieht deren Bedeutung aber indirekt in Zweifel: Die Seele gibt es zwar, doch kann sie sich nicht vom Körper trennen. Der Mensch sei eine Einheit aus beiden; nach Jesu Auferstehung war das Grab leer. So hofften die frühen Christen, dass am Tag des Jüngsten Gerichts auch ihre Leiber auferweckt werden. Die heutige Theologie hingegen sieht die Auferweckung vom Tod eher als einen Prozess. Dieser beginne schon im irdischen Leben und vollende sich, wenn wir sterben. Dann nämlich würde der Mensch mit Leib und Seele die Einheit mit Christus erlangen – das ewige Leben.

Die Erklärungen der Philosophen und Priester haben kritische Geister ungeduldig gestimmt. Zu ihnen zählte der Stauferkaiser

Friedrich II., der unter den Forschern des Mittelalters einer der mutigsten war. Um die Frage nach der Seele endlich zu klären, ließ er angeblich einen Gefangenen in ein Fass einsperren und verhungern. Mit dem grausamen Experiment wollte er feststellen, ob sich die Seele nach dem Tod des armen Mannes durch ein Loch im Fass davonmachte. Fast sieben Jahrhunderte später verfolgte der amerikanische Arzt Duncan MacDougall ein ähnliches Ziel: Er hatte sich eine Gemüsehändler-Balkenwaage besorgt und wog damit einen sterbenden Tuberkulosekranken. Als der Tod eintrat, sei der Körper um eine dreiviertel Unze leichter geworden, schrieb MacDougall in der Fachzeitschrift American Medicine. Genau so viel wiege also die Seele. Zur Gegenprobe mussten sterbende Hunde ihre letzten Minuten auf der Waage verbringen. Bei deren Ableben habe sich der Balken nicht im Geringsten bewegt, erklärte der triumphierende Forscher im Jahr 1907. Damit sei der Beweis erbracht, dass Menschen eine Seele haben und Hunde keine.

In der letzten Zeit hat die Forschung allerdings Fortschritte gemacht. Wenigstens ein Argument der Seelengläubigen konnte sie wohl für immer entkräften: Es gibt keine psychischen Vorgänge, ohne dass sich zugleich im Gehirn etwas tut. Mittlerweile können Wissenschaftler Menschen buchstäblich beim Denken und Fühlen zusehen, indem sie mit per Computertomographie die Tätigkeit der verschiedenen Regionen im Gehirn messen. Und ganz gleich, was wir wahrnehmen, überlegen oder empfinden – stets lässt sich die seelische Aktivität an der Arbeit der grauen Zellen ablesen.

Umgekehrt kann man inneres Erleben erzeugen, wenn man nur die richtigen Hirnzentren anregt. Mitunter implantieren Ärzte Epileptikern Elektroden ins Gehirn, um ihr Leiden zu mildern. Als nun der kalifornische Neurochirurg Itzhak Fried vor ein paar Jahren einen schwachen Strom in den Kopf einer solchen

Patientin leitete, begann die junge Frau plötzlich zu lachen
und konnte gar nicht mehr aufhören. Gefragt, was denn so
lustig sei, antwortete sie: ›Ihr Ärzte! Ihr seid einfach so
komische Typen, wie ihr da herumsteht.‹ Sie konnte sich nicht
vorstellen, dass allein die Elektrode im Gehirn ihre Heiterkeit
ausgelöst hatte.

Sogar außerkörperliche Erfahrungen, wie sie Ernst Waelti
gemacht hat, können auf diese Weise entstehen. Dem
Neurologen Olaf Blanke in Lausanne gelang dies ebenfalls bei
einer Epileptikerin. Als er eine Stelle auf dem rechten
Scheitellappen der Patientin reizte, berichtete sie, sie sei als
Double ihrer selbst zur Decke geschwebt. Von dort habe sie auf
ihren anderen Leib hinuntergeschaut. Offenbar braucht man
also keine Seele, um außerkörperliche Erfahrungen zu
erklären. Vielmehr erzeugen seltene Störungen der
Hirnfunktionen das Gefühl, der eigene Leib verdoppele sich.
Und weil wir nicht wahrnehmen können, was sich in unserem
Gehirn abspielt, geht es Menschen bei einer außerkörperlichen
Erfahrung wie der durch elektrische Stimulation zum Lachen
gebrachten Patientin: Sie kommen nicht auf die Idee, die
Ursache in ihren eigenen Köpfen zu vermuten.

Noch eine Illusion nimmt uns die Hirnforschung: Nichts
spricht dafür, dass so etwas existieren könnte wie ein innerster
Kern der Person. Wenn es ein solches Zentrum gäbe, müsste
das Gehirn so ähnlich organisiert sein wie die Truppen einer
Armee. Irgendwo müsste es einen Oberbefehlshaber geben, bei
dem alle Drähte zusammenlaufen. Doch das Gehirn arbeitet
ganz anders, wie Neurobiologen heute wissen. Seine Teile
wirken keineswegs wie Soldaten zusammen, sondern eher wie
die Spieler einer gut trainierten Fußballmannschaft: Jeder
übernimmt eine Rolle, jeder stimmt seine Aktionen selbst mit
den anderen ab, darum braucht es kein zentrales Kommando.
Und wie ein gutes Team, so organisiert sich auch das Gehirn

ständig neu. Niemand würde behaupten, der FC Bayern sei Mark van Bommel, Bastian Schweinsteiger oder Miroslav Klose. Genauso unsinnig erscheint es, irgendeinen Bestandteil einer Person als den anzusehen, der sie ausmacht. Das Ganze ist mehr als die Summe seiner Teile.

Keine Psyche ohne Körper, kein innerster Kern unseres Wesens: Die Wissenschaft hat die gewohnte Vorstellung von der Seele so gründlich unterminiert, dass ihr der Begriff selbst überflüssig erscheint. Denn alles, was die Forschung beobachten kann, lässt sich erklären, ohne von einer Seele zu reden. Und so wird auch die Unsterblichkeit eine reine Frage des Glaubens. Natürlich kann niemand wissen, was nach dem Tod mit seinem Innenleben geschieht. Andererseits fehlt selbst der leiseste überprüfbare Hinweis darauf, dass die Persönlichkeit den Leib überlebt.

Aber ist damit wirklich das letzte Wort über die Seele gesprochen? So großartige Erfolge die Wissenschaft verzeichnet, hat sie doch einen blinden Fleck. Und gerade ihm verdankt sie ihre Triumphe: Wissenschaftler befassen sich nur mit Dingen, über die man sich einigen kann. Doch es gibt Fragen, bei denen grundsätzlich keine Verständigung möglich ist, und die sich trotzdem jeder schon gestellt hat: Sehen zum Beispiel andere Menschen das Blau des Himmels genau so wie ich? Um das herauszufinden, müsste ich in ihre Haut schlüpfen können.

Zu solchen Fragen hat die Wissenschaft nichts zu sagen, weil sie stets die Sicht von außen einnimmt. Forschung will objektiv sein; sie sammelt Daten und leitet daraus Theorien ab. Das kann sie nur, indem sie sich auf den Standpunkt des unbeteiligten Beobachters zurückzieht. Unser inneres, ganz privates Erleben aber bleibt ihr verschlossen. Und zwischen beidem klafft eine riesige Lücke. Wie groß sie ist, weiß jeder, der sich an seine erste Liebe erinnert oder die Geburt eines

Kindes miterlebt hat: Solche Erfahrungen können wir niemandem erklären, der sie nicht selbst gemacht hat. Es fehlen die Worte, um treffend das Leuchten der ganzen Welt zu beschreiben, das Liebende erleben. Alles, was wir sagen können, bringt bestenfalls die eigene Erinnerung des Gesprächspartners zum Klingen. Hat der andere aber nicht schon Ähnliches in seinem Leben erfahren, bleibt er ratlos wie ein Blinder, dem man von einem Sonnenuntergang vorschwärmt.

Auch wenn die Wissenschaft heute noch weit davon entfernt ist, unser Gehirn bis in seine letzten Winkel zu verstehen, wird ihr dies vielleicht einmal gelingen. Doch wird eine vollständige wissenschaftliche Erklärung jemals erfassen, was wir empfinden? Selbst wenn sich eine künftige Hirnforscherin alle Daten über das Gehirn eines Verliebten verschafft, könnte sie anhand ihrer Messungen nicht erfahren, wie es ist, sich zu verlieben. Herausfinden würde sie es nur, wenn sie selbst ihr Herz an jemanden verliert.

Denn Wissen kann keine Erfahrung ersetzen. Bereits vor unseren scheinbar einfachsten Erlebnissen muss der unbeteiligte Außenseiter kapitulieren. David Hume, ein schottischer Aufklärungsphilosoph, brachte die Schwierigkeit schon im frühen 18. Jahrhundert auf den Punkt: ›Um sich eine Vorstellung von der Ananas zu machen, muss man sie schmecken.‹ Dass ich die Süße und die feine Säure der Frucht wahrnehme, verdanke ich natürlich den Geschmacks- und Geruchsrezeptoren auf der Zunge und in der Nase; sie sind mit Nervenbahnen an den Geschmackskern im Hinterhirn gekoppelt und lösen über diese Zwischenstation die Tätigkeit Zehntausender grauer Zellen im Zwischenhirn und im Stirnlappen des Großhirns aus. Wie aber entsteht aus diesem rein physikalischen Vorgang das Erlebnis eines Geschmacks? Wie rufen elektrische Ströme und chemische Botenstoffe innere

Bilder und Gefühle hervor? Das ist das so genannte ›harte Problem‹ der Bewusstseinsforschung. Mit ihm ringen die Neurowissenschaftler und Philosophen seit Jahrzehnten. Der Lösung kamen sie keinen Fingerbreit näher.

Im Gegenteil: Je mehr Daten über die Arbeit des Gehirns sie sammeln, umso drängender stellt sich die Frage, woher all unser inneres Erleben eigentlich kommt – und warum wir es haben. Und das Rätsel hat eine Fortsetzung. Denn selbst wenn ich verstehen würde, was das Feuern von Neuronen in den Geschmack der Ananas oder die Freuden der Liebe verwandelt, bliebe immer noch offen, weshalb diese Empfindungen meine eigenen sind. Denn wer ein Innenleben spürt, muss noch lange kein Ich haben. Säuglinge etwa können ihre Gefühlsregungen höchst lautstark ausdrücken, aber ihnen fehlt noch jede Ahnung davon, wer sie sind. Woher also kommt mein ganz persönlicher Blick auf die Welt?

Schwer fällt es, sich ein Leben vorzustellen, in dem wir bewusster Erfahrung haben, aber ohne ein Ich, das sie macht. Und doch geraten Menschen überraschend häufig in einen solchen Zustand. Nach langer Übung der Meditation oder auch auf besonders dramatische Weise bei epileptischen Anfällen kann sich die Ich-Perspektive völlig auflösen. Die Patienten nehmen dann weiterhin wahr, was um sie herum und in ihnen vorgeht, verlieren aber jedes Gefühl für sich selbst – als hätten sie einen Geist ohne Besitzer. Ähnliche Veränderungen führen zur außerkörperlichen Erfahrung. Normalerweise verbinden wir das Ich-Bewusstsein mit der Wahrnehmung des eigenen Körpers; hier aber spaltet sich das eine vom anderen ab. Gerade darum seien außergewöhnliche Bewusstseinszustände so wertvoll, argumentiert der Philosoph Thomas Metzinger in seinem Buch ›Der Ego-Tunnel‹: Sie erlauben uns einen Blick auf die Mechanismen, mit denen im Gehirn das Gefühl für die eigene Identität entsteht.

Allerdings stößt auch solche Forschung an ihre Grenzen. Denn was für das Himmelblau und den Ananasgeschmack gilt, trifft auf das Ich-Empfinden erst recht zu: Für die Wissenschaft ist alles, was mich ausmacht, eine Menge von Vorgängen in meinem Kopf, in meinem Körper und in meiner Umgebung. Für mich selbst aber ist es unendlich viel mehr: die persönliche Erfahrung, wie es sich anfühlt, Stefan Klein zu sein. Kein anderer wird je herausfinden können, was das bedeutet. Und weil ich mich / uns ständig verändere, war überdies das Erlebnis unserer selbst gestern oder vor einem Jahr anders als heute beschaffen.

Vielleicht ist das Wort ›Seele‹ einfach eine kurze Umschreibung für dieses ›mehr‹: unsere Fähigkeit zu einem inneren Erleben, das sich stets in der Gegenwart abspielt. Wohl gibt es keine Erfahrung, keine Persönlichkeit ohne Gehirn. Aber gerade deswegen muss zwischen Leib und Seele kein Widerspruch herrschen – beide sind vielmehr zwei Seiten derselben Medaille. Ob mir nämlich ein Geschehen in meinem Kopf als körperlich oder seelisch erscheint, hängt nur davon ab, welchen Standpunkt ich wähle. Ein Gefühl, ein Bild oder auch eine Idee kann ich als Hervorbringung des Gehirns begreifen, solange ich mit den Augen eines unbeteiligten Dritten auf mich selbst schaue. Erlebe ich dagegen dasselbe Geschehen aus meiner Innenperspektive heraus, so empfinde ich es als seelisch. Beides ist wahr.

Lange vermuteten die Menschen, die Seele sei ein wie auch immer geartetes Ding, das in ihnen wohnt und sich niemals verändert. Heute wissen wir, dass die Wirklichkeit ungleich faszinierender ist – was uns als seelisch begegnet, ist eher ein Vorgang. Die Seele ist nicht da, sie entsteht fortwährend.

Sie mag uns zwar keine Untersterblichkeit garantieren; doch dafür begegnen wir in ihr unserem eigenen Lebendigsein. In dieser Erkenntnis liegt eine enorme Befreiung: Wir müssen nicht auf den Tod warten, um das zu erfahren, was das Christentum mit der Geschichte der Auferstehung umschreibt. Das Wunder, dass sich Materie in eine geistige Erfahrung verwandelt, vollzieht sich vielmehr in jedem Moment. Vor unserem inneren Auge können wir es ständig erleben. Jetzt. Hier.« Zitat Ende. [56] Erschienen in: Stern 17.02.2011.

Zitat

Die Grenzen der Seele wirst du nicht finden, auch wenn du alle Wege durchwanderst. So tiefen Grund hat sie.

Heraklit

Was ist die Seele?

Sie ist die immaterielle Essenz unseres Wesens, die nach dem Tod weiterlebt. Der Begriff der Seele berührt eine der größten und weitreichendsten Fragen der Wissenschaft, seit der Menschheitsgeschichte. Dichter, Philosophen fragen sich seit jeher, was die Seele ist. Was macht den Menschen aus. Natürlich ist nicht jeder von der Existenz der Seele überzeugt. Für viele Wissenschaftler ist sie nicht mehr als eine Folge unseres Wunschdenkens. Bewusstsein ohne Gehirnaktivität, das widerspricht gängigen Ansichten moderner Wissenschaftler. Aber – denken sie vielleicht in eine falsche Richtung?
Vielleicht finden wir ja eine Antwort, wenn wir weitere Hinweise untersuchen, dass die Seele existiert.

Wo befindet sich die Seele?

Sie kann als Teil des Organismus untrennbar an ein bestimmtes Organ oder einen Körperteil gebunden sein. Als Sitz oder körperlicher Träger einer solchen **Seele** erscheinen in den verschiedenen Kulturen unter anderem der Kopf, die Kehle, das Herz, die Knochen, die Haare und das Blut. [57]

Welche Argumente sprechen für die Existenz einer Seele?

Der interaktionistische Substanzdualismus oder einfacher gesagt der Leib-Seele-Dualismus hat seine Ursprünge im antiken Griechenland. Der Bezug wird aber eher auf René Descartes (1596–1650) zurückgeführt. Die Kernthese dieses Themas lautet:

I. Auffassung

Es existiert ohne Zweifel eine nicht materielle und nicht ausgedehnte »denkende Substanz« (res cogitans: denkendes Wesen, Geist, Seele), die nicht selten als Seele bezeichnet wird. Sie beinhaltet den Geist und das Bewusstsein. Sie unterliegt nicht notwendigerweise den Naturgesetzen.

II. Auffassung

Es existiert eine eigenständige von der Seele ausgedehnte und materielle Substanz (unser Universum, unser Sonnensystem, unsere Erde). Dazu zählt ebenso der menschliche Körper beziehungsweise Leib. Dieses Universum sowie der menschliche Körper/Leib unterliegt den Naturgesetzen.

III. Auffassung

Leib und Seele bestehen aus zwei verschiedenen Substanzen. Sie sind jedoch in der Lage, kausal zu interagieren. Entsprechend einem solchen interaktionistischen Substanzdualismus ist die Seele als auch unsere Welt – so wie wir sie uns vorstellen – in der Lage, als eigene Substanz eigenverantwortlich, also unabhängig voneinander zu existieren. Aus diesem Grund Dualismus – es ist die Existenz zweier Grundprinzipien des Seins. Die Seele ist dann dadurch in der Lage, eine Seelenwanderung zu unternehmen oder gar nach dem Tod im Paradies oder in der Verdammnis weiter existent zu sein.

Zu beachten ist hierbei, dass der Leib und die Seele nicht hauptsächlich getrennt sind, sie können auch interagieren. Eine (materielle) Kopfschmerztablette wirkt auf meine bewusste Empfindung des Schmerzes. Ein bewusster Gedanke bringt meinen Körper dazu, sich zu bewegen.

Welche Argumente sprechen für den Dualismus?

In der Hauptsache ist es das innere Gespür beziehungsweise die Ahnung oder auch ein bestimmtes Gefühl zahlreicher Menschen, dass vom Körper völlig unabhängig eine Seele existiert. Sie basiert allerdings auf der Erwartung, dass unsere Seele unser Bewusstsein in irgendeiner Form weiter existieren wird.

Was spricht gegen den Dualismus?

Eine der ersten Tatsachen ist, dass es nur wenig beziehungsweise kein Wissen darüber gibt, dass eine vom Körper unabhängige Seele existent ist. Es handelt sich dabei meistens um Behauptungen, welche gefühlsmäßig instinktiv entstehen. Sie würden allerdings, nach unserem Verständnis, wohl einer wissenschaftlichen Untersuchung nicht standhalten.
58

Was ist Dualismus?

Dualismus: Unterscheidung von physischen und geistigen Seinsbereichen oder Eigenschaften von Dingen.

Was versteht man unter Animismus?

Animismus: Glaube an die Beseeltheit von Menschen, Tieren oder sogar des Universums als solchem.

Was bedeutet das Höhlengleichnis von Plato in Bezug auf die Seele?

»*Das Höhlengleichnis ist eines der bekanntesten Gleichnisse der antiken Philosophie. Es stammt von dem griechischen Philosophen Platon (428/427–348/347 v. Chr.), der es am Anfang des siebten Buches seines Dialogs* Politeía *von seinem Lehrer Sokrates erzählen lässt. Es verdeutlicht den Sinn und die Notwendigkeit des philosophischen Bildungswegs, der als Befreiungsprozess dargestellt wird. Das Ziel ist der Aufstieg aus der sinnlich wahrnehmbaren Welt der vergänglichen Dinge, die mit einer unterirdischen Höhle verglichen wird, in die rein geistige Welt des unwandelbaren Seins. Den Aufstieg vollzieht zwar jeder für sich, aber da man dabei Hilfe benötigt, ist es zugleich auch ein gemeinschaftliches Bemühen. Zuvor hat Sokrates am Ende des sechsten Buches das Sonnengleichnis und das Liniengleichnis vorgetragen. Als Abschluss und Höhepunkt der Gleichnisreihe zählt das Höhlengleichnis zu den Grundtexten der platonischen Philosophie, da es zentrale Aussagen von Platons Ontologie und Erkenntnistheorie veranschaulicht.*« Zitat Ende. [59]

Ist die Seele ein Ausdruck für vielfältige Bedeutungen?

Dieses kann man ohne Zweifel bejahen. Man muss diesen
Terminus natürlich aus der Sichtweise zu den unterschiedlichen
beziehungsweise spirituellen Traditionen, auch aus dem
religiösen, philosophischen oder psychologischen als auch dem
mythischen Bereich sehen, in denen der Ausdruck Seele
verwandt wird beziehungsweise vorkommt. Wenn wir unseren
heutigen Sprachgebrauch betrachten, bezieht sich die Seele fast
immer auf das Ganze aller Gefühlsregungen wie auch auf die
geistigen Abläufe des Menschen. Die Seele wird in der
heutigen Zeit im Großen und Ganzen weitgehend
gleichbedeutend mit der Psyche, dem griechischen Wort für
Seele verwendet.

Die Seele ist eigentlich für bestimmte Regungen und
Gefühlsmomente anzusehen. Es wird angenommen, dass es
diesen Regungen und Vorgängen zugrunde liegt, sie ordnet und
dadurch auch körperliche Vorgänge herbeiführt und auch
beeinflusst.

Darüber hinaus bestehen philosophische als auch religiöse
Vorgehensweisen, in der sich die Seele auf ein immaterielles,
also auf ein unkörperliches, unstoffliches geistiges Prinzip
festmachen lässt, welches als Gerüst beziehungsweise Träger
des Lebens eines Individuums bis zum Tod desselben als ein
beständiges Ego oder auch Identität anzusehen ist.

Gerade in diesem Zusammenhang ist die Annahme damit
verbunden, dass die Seele unabhängig von ihrem Körper
weiterexistiert – also unsterblich ist. Damit sich aber die Seele
vom Körper selbst trennen und völlig unabhängig
weiterexistieren kann, ist die Voraussetzung der Tod des
Körpers. Die Seele kann dann unabhängig vom Körper
getrennt weiterexistieren. In einer großen Anzahl von
Religionen wird darüber gelehrt, dass bereits vor der Zeugung

eines Individuums die Seele existiere. Die Seele bewohnt einen Körper und führt beziehungsweise lenkt den Körper bis zum Tod des Individuums.

Bei vielen derartigen Lehren macht die unsterbliche Seele allein die Person aus. Wird der Körper nicht mehr gebraucht, so wird er abgelegt. Die Seele kann somit wieder an ihren ursprünglichen Ort zurückkehren. Also vom Diesseits ins Jenseits.

Um das 17. Jahrhundert wurde das traditionelle bekannte Konzept aus der damaligen (antiken) Philosophie, dass die Seele nach dem Tod des Körpers diesen verlässt, als sogenanntes Lebensprinzip aller Lebewesen, die alle Funktionen des Körpers steuern, langsam abgelehnt. Der Grund dafür ist, da es zur Darstellung der Affekte gemeint sind hier, Gefühl (Hauptform), Emotion, Empfindung, Gefühlsaufwallung, Gefühlsbewegung, Gefühlserregung, Gefühlsregung, Gespür, menschliche Regung, Regung, Sentiment, Stimmungslage, welche durch äußere Anlässe oder auch durch psychische Vorgänge beeinflusst beziehungsweise ausgelöst werden.

Wie schon erwähnt, gilt René Descartes, französischer Philosoph, Mathematiker und Naturwissenschaftler (* 1596, + 1650), als Begründer des modernen Rationalismus. Descartes schrieb nur dem Menschen eine Seele zu und die Funktion auf das reine Denken beschränkte. Nach dieser Lehre folgte die Debatte über das bis zum heutigen Tage andauernde »Leib-Seele-Problem«. Sie ist bis in die heutige Zeit ein fester Gedankenbestand der philosophischen Geisteswissenschaften.

Es geht um die große Frage nach der Verbindung beziehungsweise der Verknüpfung von geistigen und körperlichen Zuständen.

Die heutige moderne Philosophie wird durch ein großes
Spektrum von stark divergierenden (auseinandergehen,
differieren, sich unterscheiden) Ansätzen diskutiert. Es werden
Positionen bezogen, die von einer eigenen Existenz – vom
Körper her unabhängig – von einer seelischen Substanz
ausgehen, bis zum elimentativen Materialismus, gemeint ist
eine Anschauung innerhalb der Philosophie des Geistes. Seine
zentrale These ist, dass mentale Zustände Erscheinungen seien.
Eine neuro- oder kognitionswissenschaftliche Beschreibung
des Menschen relativiere die Alltagspsychologie entsprechend.
Aussagen von einer körperunabhängigen und eigenständigen
Seele konnte man bis zum heutigen Tage nicht nachweisen.
Diese Denkweise übersteigt die Bereitschaft und die
Vorstellung dazu. Die Wahrheit ist wohl eher mit den Begriffen
Bewusstsein-Seele-Psyche im metaphysischen (jede mögliche
Erfahrung überschreitend) und im paranormalen Bereich zu
suchen. Es ist auch nicht nachzuweisen, dass sämtliche
Aussagen über Mentales nicht passend sind, da sie fern von
jeder Realität seien. Eher ist es so, dass scheinbare mentale
Zustände und Vorgänge nur auf Biologisches zu reduzieren
sind.

Hinter diesen radikalen Positionen halten sich unterschiedliche
Denkmodelle. Sie sprechen dem Mentalen nicht die Realität ab,
den Begriff Seele (spirituell) jedoch nur bedingt in einem
schwachen Sinn für zulässig halten. [60]

Zitat

Die Seele ist wie die Luft. Niemand sieht sie und dennoch kann sie der Physiker wägen.

Karl Ferdinand Gutzkow

Quelle https://www.gutzitiert.de/zitate_sprueche-seele.html

Was ist Psyche/Seele und der eliminative Materialismus?
»Der eliminative Materialismus wurde erstmals in den 1960er Jahren entwickelt und steht in scharfem Kontrast zu klassischen Positionen der Philosophie des Geistes. Selbst René Descartes, der eine Philosophie des methodischen Zweifels formulierte, hielt die Existenz der mentalen Innenwelt für gewiss.« [61]

Was versteht man unter dem Begriff Seelenspitze?

»Seelenspitze. Die *Stoa unterscheidet, die platonische Dreiteilung der Seele weiterführend [1], einen obersten, herrschenden Teil der Seele von den übrigen Seelenteilen [2]; dieser hat die größte Nähe zu Gott [3]. Die spätere Stoa trennt dieses ἡγεμονικόν deutlich von den anderen Seelenteilen und verlangt, man solle sich dorthin als in eine Burg (ἀκρόπολις) zurückziehen [4]. Der Neuplatonismus kennt neben den Kräften der Seele einen Ort in der Seele, an dem die Einung mit Gott sich ereignet; Platon spricht von τὸ τῆς ψυχῆς οἷον κέντρον (›einem bestimmten Sporn der Seele‹), wo die kreisförmige Bewegung der Seele zur Ruhe kommt [5].

Proklos hat für die das Denken übersteigende Kraft die Bezeichnung ἄνθος τοῦ νοῦ (›Blüte des Geistes‹) [6] oder τὸ ἕν (›das Eine‹) der Seele oder die ›herrschende Spitze‹ (ἄκρα ὕπαρξις) [7]. Ps.-Dionysius Areopagita nennt jene Fähigkeit ἕνωσις ὑπεραίουσα τὴν τοῦ νοῦ φύσιν (›eine die Natur des Geistes übersteigende Vereinigung‹) [8]. Die scholastische Philosophie hat für den obersten Teil der Seele eine Fülle von Namen: ›apex mentis‹ bzw. ›voluntatis‹, ›acies mentis‹, ›vertex animae‹ bzw. ›intelligentiae‹ [9], ›summum et intimum mentis‹

[10], ›scintilla‹ (Fünklein, s.d.), ›Wirbel des Geistes‹,
›Inburgheit‹ [11]. Die Bedeutungen sind verschieden. Fast alle
können mit ›Synderesis‹ (Gewissen) gleichbedeutend
genommen werden und bezeichnen ein sittliches Bewusstsein.
Bonaventura nennt den Intellekt ›supremum animae‹, ›suprema
acies mentis‹ (›das Höchste der Seele‹, ›die äußerste Schärfe
der Seele‹) [12]. Die Begriffe können aber auch für ›essentia
animae‹ (Seelengrund, s.d.) als dem Ort der Gotteseinung
stehen, sie können mit der Intellectus-agens-Lehre verbunden,
schließlich auch von ›Seelengrund‹ unterschieden werden.«
Zitat Ende [62]

* **Stoa** Der Name (griechisch στοὰ ποικίλη – »bunte Vorhalle«)
geht auf eine Säulenhalle (Stoa) auf der Agora, dem Marktplatz
von Athen, zurück, in der Zenon von Kition seine Lehrtätigkeit
aufnahm.

Was ist laut der Stoa die Aufgabe der Philosophie?

*»Ein kurzes langes Leben. Ataraxia, die Seelenruhe und
Unerschütterlichkeit, ist das höchste Ziel der **Stoiker**. Es geht
darum, immun zu werden gegen Widrigkeiten des Lebens,
gegen Unvorhersehbares und Schicksalsschläge.«* [63]

Was versteht man unter Seelenwanderung beziehungsweise Reinkarnation?

Die Vorstellungen beziehungsweise das Wiedereingehen der Seele nach antikem und altem indischen religiösen Glauben sind das Wiedereingehen der Seele nach dem Tode des Körpers. Dieser Vorgang kann dann in einen höheren oder auch niederen Körper erfolgen.

Der Begriff Reinkarnation oder Seelenwanderung klingt irgendwie mystisch. In der Hauptsache glauben viele Buddhisten und Hinduisten an eine Wiedergeburt. Sie richten ihr Leben und Wirken danach aus.

Carne – dieses Wort stammt aus dem Lateinischen und hat die Bedeutung für Fleisch. Übergang der Seele eines Menschen in einen neuen Körper und eine neue Existenz; Seelenwanderung. Wörtlich übersetzt bedeutet Reinkarnation die Wiederfleischwerdung, gemeint ist hier eine Rückkehr in einen fleischlichen weltlichen Körper. Die Wiedergeburt ist also der Gedanke für eine Reinkarnation oder auch Seelenwanderung. Der Tod jedoch ist nicht nur die Grundvoraussetzung für eine Reinkarnation. Gemeint ist hier auch die Rückkehr in den eigenen Körper beispielsweise bei außerkörperlichen Erfahrungen (AKE). Auch die Nahtoderfahrung (NTE) wird in diesem Zusammenhang als Reinkarnation bezeichnet.

Die Exkarnation bedeutet »Ausfleischung«, auch Deinkarnation, genannt lateinisch für »Entfleischung«. Sie wird vor allem in der Archäologie und in der Ethnologie (Völkerkunde) so bezeichnet. Es sind eigentlich alle Vorgänge, durch welche ein menschlicher Leichnam von allen Weichteilen befreit wird. Es bleiben lediglich die Knochen übrig. Hierbei wurden verschiedene Arten oder auch Techniken bei der Exkarnation oder Dekarnation angewendet wie das Auslösen mit Messern oder auch Verwesenlassen. Bekannt ist aber auch das Aussetzen des Leichnams als Fraß für die Vögel. Es ist genau das Gegenteil zur Reinkarnation.

Was aber den Gedanken unerlässlich treibt, ist vor allem der Glaube an eine unsterbliche Seele, welche vom Körper getrennt weiterexistiert.

Bisher gibt es keine wissenschaftliche Belege für eine Seelenwanderung. Es handelt sich hier um reine spirituelle Gedanken, die hauptsächlich in verschiedenen Religionen ihre unverrückbare Bedeutung finden.

Was ist der Grund für eine Reinkarnation beziehungsweise Seelenwanderung in den betreffenden Religionen?

Hauptsächlich in den Religionen von Buddhismus und Hinduismus ist die Reinkarnation/Seelenwanderung einer der wichtigsten Punkte dieser Religionen. Das Karma ist ein besonderer Fall von Ursache und Wirkung, nachdem alle unsere Handlungen von Körper und Geist Ursachen dafür sind sowie alle Erfahrungen und deren Auswirkung in unserem Leben.

Vor allem im Buddhismus und im Hinduismus spielt die Reinkarnation eine große Rolle.

In welchem Körper beziehungsweise in welcher Gestalt man im nächsten Leben zurückkehrt, hängt dabei maßgeblich vom Karma ab. Es wird durch gute und schlechte Taten stark gelenkt beziehungsweise beeinflusst.

Der Begriff Karma trägt den Gedanken, dass bei jedem Menschen jede Tat, die er begeht, sowie jede Entscheidung, die durch ihn getroffen wird, Folgen hat. Sei es im Positiven oder auch im Negativen. Es kann sein, dass manche Folgen bereits im jetzigen Leben, andere wiederum im nächsten Leben auftreten können. Einen großen Einfluss hat das Karma darauf, in welcher Gestalt man das nächste Leben bestreiten wird. Das Schicksal (höhere Macht, die das Leben des Menschen bestimmt und lenkt), welches man nach einer Reinkarnation erwartet, wird durch vergangene Taten – positiv oder negativ – beeinflusst. Diese Religionen glauben, dass die Menschen mehrere Seelenwanderungen/Reinkarnationen durchlaufen müssen, mit dem Ziel, die Gier und das Leid hinter sich zu lassen, um am Ende im Nirwana, die höchste Form von Zufriedenheit und Glück, anzukommen.[64]

Was versteht man unter Seelenverwandtschaft?

Unter Seelenverwandtschaft versteht man eine tiefe Verbindung von mindestens zwei Personen. Es ist der Ausdruck von tiefer Verbundenheit, die beispielsweise durch eine Partnerschaft mit gemeinsamen Werten und Erfahrungen entstehen. Es generiert das Gefühl, die persönliche Weltanschauung mit dem Partner zu teilen und in entscheidenden Dingen gleich oder zumindest ähnlich zu empfinden. Die Seelenverwandtschaft äußert sich auch dadurch, dass man durch sie sich mit einer naturgegebenen Wesensähnlichkeit verbunden fühlt.[65]

Was versteht man unter Psychismus bzw. Panpsychismus?

Was ist Psychismus?

Psychismus ist die idealistische Auffassung, nach der das Psychische das Zentrum alles Wirklichen ist (Psychologismus, Leib-Seele-Problem).

Was ist Panpsychismus?

»Panpsychismus (von altgriech. πᾶν pan ›alles‹ und ψυχή psyche ›Geist, Seele‹) ist eine metaphysische Theorie, der zufolge alle existenten (und nicht auf anderes reduzierbaren) Objekte geistige Eigenschaften besitzen.« Zitat Ende. [66]

Werner Stangl, ein österreichischer Psychologe und Schriftsteller, schreibt dazu: *»Der Panpsychismus ist eine metaphysische Theorie, nach der alle existenten und nicht auf anderes reduzierbaren Objekte geistige Eigenschaften besitzen. Der Panpsychismus bietet daher einen alternativen Lösungsvorschlag für das Leib-Seele-Problem, das sich mit dem Verhältnis von Materie und Geist beschäftigt. Es geht dabei um Fragen wie, kann Bewusstsein aus Gehirnprozessen hervorgehen? Werden alle unsere geistigen Fähigkeiten ausschließlich vom Gehirn produziert? Gibt es auch außerhalb davon, also unabhängig vom Gehirn, so etwas wie ein Bewusstsein?* (Stangl, 2021).« Zitat Ende.

Laut W. Stangl wird, wie schon erwähnt, dem Panpsychismus geistige Eigenschaften der gesamten Materie zugestanden, bei der sich im Laufe der Evolution eine ständige beziehungsweise zunehmende Entfaltung geistiger oder auch mentaler Beschaffenheiten beziehungsweise Besonderheiten ergeben hat. Hingegen die Dualisten darauf bestehen, dass es nicht zutrifft, dass der Geist aus Materie entsprossen sei. Die Materialisten sind der Meinung, dass mentale beziehungsweise geistige Beschaffenheit nichts anderes ist als vielschichtige Anlagen beziehungsweise Aufbau von rein gegenständlichen Dingen darstellt. Panpsychisten jedoch lehnen diese Trennung von Geist und Materie ab. Sie sind der Ansicht, dass geistige oder mentale Eigenschaften nicht abrupt und übergangslos aus rein materiellen Dingen ihren Ursprung haben. Die Materialisten glauben, dass es eher die Entwicklung des Geistigen und Mentalen ist und nur so erklärbar sei, da Vorstufen des Geistigen und auch des Mentalen bereits in den Grundphasen unserer materiellen Welt verbunden beziehungsweise verschmolzen sind. Aus diesem Grund ist es im Panpsychismus unmöglich, dass es keine Materie ohne jegliche geistige Aspekte geben kann. Der Grundgedanke des Panpsychismus betreffend ist, dass die Materie und Geist lediglich zwei Seiten einer Medaille darstellen. Die Vor- und Rückseite einer Medaille unterscheidet sich auch ebenso von der dualistischen Annahme beziehungsweise These, wonach der Geist und Materie zwei völlig unabhängig voneinander bestehende Stoffe sind, welche miteinander in einer ständigen Verbindung in einer Interaktion oder Wechselwirkung sich befinden. [67]

Für das Leib-Seele-Problem bietet der Panpsychismus einen Lösungsvorschlag an, welches sich mit dem Verhalten von Materie und Geist auseinandersetzt beziehungsweise befasst.

Anhänger dieser These glauben, dass sich durch die stammesgeschichtliche Entwicklung von niederen zu höheren Formen des Lebendigen eine ständige Entwicklung geistiger beziehungsweise mentaler Daseinsformen gebildet haben (Evolution). Selbstverständlich kann man sich jetzt fragen, wie und ob es überhaupt möglich ist, dass Geist aus Materie entstehen kann. Die Anhänger der Dualisten beharren darauf, dass Geist nicht aus Materie hervorgehen kann und ausnahmslos von einer völlig anderen Zusammensetzung ist als das, was wir Materie nennen. Dagegen stellen die Materialisten die Behauptung auf, dass die geistigen als auch mentalen Beschaffenheiten nichts anderes darstellen als multidimensionale Anordnungen durch rein materielle Dinge. Hingegen Panpsychisten eine dualistische Trennung von Geist und Materie ablehnen. Ebenso lehnen sie die These ab, dass geistige und/oder auch mentale Beschaffenheiten aus puren materiellen Dingen überraschend und unvermutet entsprießen können. Die Entwicklung des Geistigen und Mentalen ist für Panpsychisten nur so zu erklären, dass sogenannte Vorstadien bereits in der Ursprungsstruktur unserer materiellen Welt bereits mit verschmolzen sind. Atome oder Bakterien können keine Gefühle oder Schmerzen noch andere Bewusstseinszustände erleben, so die Behauptung und der Stand des heutigen Panpsychismus. Aus diesem Grund nehmen moderne Panpsychisten nicht an, dass alle Dinge eine Seele besitzen.

Francesco Patrizi da Cherso war ein venezianischer Humanist, Philosoph, Schriftsteller, Literatur-, Staats- und Geschichtstheoretiker kroatischer Herkunft. Er wurde am 25. April 1529 in Cres, Kroatien, geboren und ist am 6. Februar 1597 in Rom, Italien, verstorben. Er ist der Schöpfer für den Begriff Panpsychismus (1) und wird bei Panpsychisten als die geistige beziehungsweise protomentale (bedeutet: Objekte, welche seelische Eigenschaften besitzen. Solche Vorstufen mentaler Eigenschaften werden oft »protomentale« Eigenschaften oder Beschaffenheiten genannt....) Sichtweise, welche sie alle existenten Dingen zuschreiben. Häufig wird der Panpsychismus auch als sogenannte phänomenale Beschaffenheit oder auch Qualia bezeichnet. Unter Qualia versteht man, dass sich auf irgendeine Art und Weise etwas irgendwie anfühlt. *»Qualia sind eine (Vor-)Form dessen, was im Falle des Menschen als phänomenales <u>Bewusstsein</u> bezeichnet wird. Ähnliche Vorformen des Bewusstseins wie die Qualia bezeichnet man als Empfindung oder Erfahrung (experience). Eine panpsychistische Position, die einfache Erfahrung auf allen Ebenen der Natur kennt, steht meist in der Tradition von Alfred North Whitehead und heißt nach David Ray Griffin auch Panexperientialismus.«* Zitat Ende.

Es ist nicht immer zwingend, dass dem Panpsychismus die kleinsten Dinge mit direkter geistiger Beschaffenheit zugeschrieben werden. Anstelle dessen sind viele Panpsychisten der Überzeugung, dass die Welt als Ganzes geistige Eigenschaften besitzt.
Es besteht allerdings ein Unterschied zu den sogenannten anatomischen Panpsychisten, sie stellen die These auf, dass alle Dinge, da sie bereits geistige Teile besitzen, ergo eine geistige Beschaffenheit haben.
Hingegen holistische (bedeutet: die Ganzheits- und Zweckbetrachtung des biologischen Lebens) Panpsychisten davon ausgehen, dass die Geistigkeit von allen Dingen durch die große, ganze Geistigkeit abgeführt beziehungsweise abgeleitet wird.

Eine Trennlinie zum *Animismus
Es hat den Eindruck, als würde der Panpsychismus eine animistische Position beziehen. Animisten gehen davon aus, dass beispielsweise Gewächse wie Bäume oder auch Wasserquellen Gefühle bemerken beziehungsweise erfahren, gleichbedeutend dem Menschen. Aus diesem Grund wurde dem Panpsychismus eine gewisse Form von Absurdität zugesprochen, da Gegenständen wie Steinen oder täglichen Gebrauchsgegenständen wie Telefonen etc. eine Art von Seele

zugesprochen wurde. In der heutigen Zeit grenzen sich Panpsychisten von zweierlei Gedankengängen gegen eine solche Fehlentscheidung beziehungsweise Verwechslung mit dem Animismus ab.

Erstens sind aus dem Blickwinkel zahlreicher Panpsychisten geistige Beschaffenheiten, welche ausschließlich graduell einzustufen sind. Nehmen wir Bakterien, es ist möglich, dass sie beispielsweise schlicht einfach bescheidene geistige Zustände haben. Dennoch existiert kein Bewusstsein über sie selbst und empfinden keine Schmerzen. Wenn man trotzdem noch von einer gewissen Empfindungsfähigkeit spricht, so kann man einmal vom sogenannten Proto-Bewusstsein sprechen oder auch von zeitgenössischen Panexperientalisten von phänomenalen Beschaffenheiten oder eben Qualia, welche den kleinsten Bauteilen im ganzen Universum zustehen.

Zweitens unterscheiden wir im heutigen modernen atomistischen Panpsychismus zwischen realer individuenartiger Gesamtheit (Elementarteilchen) beziehungsweise Rangfolgen dieser individuellen Einheiten, darunter verstehen wir: Elementarteilchen, Atome, Moleküle, Zellen und Organismen. All diesen individuellen Beschaffenheiten werden geistige Eigenschaften zugesprochen. Diese Kreationen beziehungsweise Artefakte sind Anhäufungen individuenartiger Einheiten, welchen explizit keine eigenen Beschaffenheiten zugesprochen werden. Die Ansammlung durch kleinere Einheiten ist nicht zwangsläufig beziehungsweise willkürlich ein neues Individuum. Dieser Ansammlung als Ganzes müssen nicht zwingend proto-mentale Beschaffenheiten zukommen, sondern ausschließlich seinen kleinsten Bausteinen. Eine solche Ansammlung hat im Besonderen keine eigene Subjektivität sowie keinerlei individuelle Anschauung beziehungsweise Betrachtungsweise.

Niedere Organismen, wie Einzeller, Quallen oder Pflanzen, werden durch Panpsychisten als solche Ansammlungen oder auch als Antrieb, Maschine oder Triebwerk angesehen. Solch eine Unterscheidung werden auch beispielsweise von David Ray Griffin (2) und Ken Wilber (3)(4) sehr deutlich beschrieben.

Die Unterscheidung vom Idealismus

Nicht selten wird der Panpsychismus mit einem idealistischen Ausgangspunkt beziehungsweise Grundgedanken gleichgesetzt. Er besagt, dass ein idealistischer Standpunkt jedes Teil oder Ding in unserem Universum (proto-)mentale Beschaffenheiten besitzt und somit als panpsychistisch in diesem Sinne benannt werden. Zu beachten ist hierbei, dass nicht jede panpsychistische Auffassung immer in einem philosophischen Idealismus hineinfließen oder zusammenlaufen. Aus diesem Grund sind die Begriffe Idealismus und Panpsychismus nicht deckungsgleich. Für nicht wenige Idealisten sind materielle Beschaffenheiten beziehungsweise geistige Eigenschaften reduzierbar. Für viele Panpsychisten gilt dieses gerade nicht, aus dem einfachen Grund, weil sie Materielles und Geistiges als zwei ursprüngliche Betrachtungsweisen beziehungsweise unterschiedlichen Faktoren als zugrundeliegende Stoffe ansehen. Diese Betrachtungsweise ist nicht gerade idealistisch in jenem bezeichnenden charakteristischen Sinn. Es gibt aber noch eine Aussage des Idealismus, die besagt: alle Beschaffenheiten/Eigenschaften müssen gedacht werden, da sie sonst nicht existent seien. Eine große Zahl der Panpsychisten wünschen sich eher eine abgeschwächte Bedingung bezüglich der Existenz einer Eigenschaft, »wie beispielsweise Whitehead lediglich die Existenz vorbewusster ›Prehensionen‹ (Erfassungen)«.

Argumente für den Panpsychismus

Die bedeutungsvollsten Begründungen des Panpsychismus sind das genetische (»erblich bedingt«, »auf das Erbgut bezogen« oder »die Entwicklung betreffend«) Argument sowie das Argument aus den intrinsischen (von innen her, internal **intrinsisch** aus eigenem Antrieb heraus) Naturen. Darüber hinaus sind zu nennen die Analogie-Argumente als auch das Argument, dass der Panpsychismus zur besten Weltanschauung führt. (5) [68]

*»*Der Begriff **Animismus** (von altgriechisch ἄνεμος ánemos, deutsch ›Wind, Hauch‹, wie lateinisch animus, als anima, später in religiösen Zusammenhängen auch Seele oder Geist) beschreibt zunächst allgemein den ›Glauben‹, dass lebende Wesen wie unbelebte Objekte eine Seele besäßen.«*
Vergl.: https://de.wikipedia.org › wiki › Animismus_(Religion

»Das Leib-Seele-Problem in der Psychologie stellt die grundsätzliche Frage nach dem Zusammenhang zwischen körperlichen (Leib Körper) und geistigen Vorgängen (Geist Denken Seele Bewusstsein). ... Existiert der Geist (oder die Seele) auch unabhängig vom Gehirn?«

Vergl.: https://lexikon.stangl.eu/8548/leib-seele-problem/ abgerufen am: 25.07.2021

Die Renaissance des Panpsychismus: Überall Geist

Einer der bekanntesten Philosophen zum Thema Panpsychismus ist Godehard Brüntrup, er ist ein deutscher Philosoph, seit 2003 Professor für Philosophie an der Hochschule für Philosophie München mit den Schwerpunkten Metaphysik, Philosophie des Geistes und Sprachphilosophie.

Hier nachstehend schreibt »Godehard Brüntrup« zum Thema Panpsychismus.

»Erschien in Herder Korrespondenz 9/2017, S. 44–47. Die Redaktion hat leider sinnentstellende Veränderungen am Text vorgenommen und auch nach meinen entsprechenden Hinweisen bei den Korrekturbögen versäumt diese wieder zu korrigieren. Orientieren Sie sich daher bitte an diesem und nicht am gedruckten Text.« Zitat Ende.

Die Renaissance des Panpsychismus von Godehard Brüntrup SJ

Er schreibt:
»Wann in der Geschichte des Kosmos entstand zum ersten Male Bewusstsein? Welche Lebewesen in unserer Welt sind überhaupt bei Bewusstsein: Tiere, Bakterien, Pflanzen? Und wie genau kam das Bewusstsein in die Welt? Der Panpsychismus gibt auf diese Fragen überraschende Antworten: Das Bewusstsein war in Vorformen von Anfang an da, es ist fast überall anzutreffen. Dass diese Sicht der Welt heute mehr und mehr Anklang auch in den Wissenschaften findet, ist für die Theologie eine Chance zum Dialog.

Das harte Problem des Bewusstseins.

Seit zwei Jahrzehnten ist in der Philosophie ein verstärktes Interesse am Panpsychismus zu beobachten. Woran liegt das?

Das Bewusstsein entzieht sich bis heute einer überzeugenden wissenschaftlichen Erklärung. Wir verstehen zwar, wie das Gehirn in seinem neuronalen Netzwerk Informationen verarbeitet, aber warum es dabei etwas erlebt, warum, metaphorisch gesprochen, das ›Licht‹ des Bewusstseins innerlich ›leuchtet‹, das bleibt bis heute mysteriös. Wir können neuronale Bedingungen angeben, unter denen das normale Wachbewusstsein auftritt oder verschwindet. Die Verlässlichkeit der betäubenden Substanz, die der Narkosearzt verabreicht, beruht auf der Kenntnis solcher Bedingungen. Aber die Kenntnis der neuronalen Grundlagen des Bewusstseins versetzt uns nicht in die Lage zu verstehen, wie das Gehirn überhaupt Bewusstsein erzeugen kann. Im Prinzip verstehen wir nur die abstrakte Struktur eines neuronalen Netzwerks, also den Schaltplan eines komplexen informationsverarbeitenden Systems. Aber das lüftet das Geheimnis nicht. Wir können uns nämlich immer ein künstliches System vorstellen, das denselben Schaltplan realisiert und damit die Information ebenso verarbeitet wie unser Gehirn, dabei aber überhaupt nichts erlebt.

Wir verstehen also den notwendigen Zusammenhang zwischen einer bestimmten materiellen Konfiguration und dem Auftreten des Bewusstseins nicht. Das Bewusstsein steht damit isoliert in der Natur. Andere Phänomene lassen sich aus dem Zusammenspiel ihrer kleinteiligen Elemente vollständig verstehen. So kann man etwa die Tatsache, dass Wasser flüssig ist, aus den physikalischen Eigenschaften der Wassermoleküle ableiten. Warum aber eine bestimmte neurophysiologische Struktur mit der Empfindung von Glück verbunden ist, können wir aus der Betrachtung der neurophysiologischen Ebene allein nicht ableiten. Auch ein fiktiver zukünftiger Neurowissenschaftler, der buchstäblich alle physiologischen Tatsachen über das Gehirn wüsste, könnte aus diesem Wissen nicht folgern, wie es sich anfühlt Schokoladeneis zu essen, wenn er mit diesem Gefühl nicht schon aus eigener Erfahrung vertraut wäre.

Zwischen der Erkenntnis funktionaler Strukturen in den Wissenschaften einerseits und der Erfahrung des bewussten Erlebens andererseits tut sich eine Kluft auf. Philosophen sprechen hier oft von dem ›harten Problem des Bewusstseins‹. Unser wissenschaftliches Weltbild enthält also auf seiner geistigen Landkarte einen großen weißen Bereich, einen blinden Fleck, der eine möglicherweise prinzipielle Unwissenheit anzeigt. Die Unwissenheit darüber, wie aus der Zusammensetzung völlig geistloser Materie an einem bestimmten Punkt der Evolution plötzlich bewusstes Erleben hervortreten kann.

Das harte Problem der Materie

Es gibt jedoch noch einen anderen vergleichbaren Bereich von sehr grundlegender Unwissenheit. Es ist nämlich keineswegs so, dass das Bewusstsein rätselhaft sei, die Materie hingegen dem forschenden Geist wenig Widerstände entgegensetzte. Es gibt auch ein ›hartes Problem der Materie‹. Am Anfang der modernen Naturwissenschaft steht der *kartesische Materiebegriff. (Anmerkung des Autors dieses Buches: **Kartesisch** oder **kartesianisch** benannt nach Renatus Cartesius, dem latinisierten Namen des René Descartes.

- Im weiteren Sinne bezeichnet das Adjektiv seine philosophische Ansicht.
- Im engeren [mathematischen] Sinne bezieht es sich auf das Kartesische Koordinatensystem).

Für Descartes war Materie reine Ausdehnung, und die Naturwissenschaft war für ihn die mathematische, geometrische Beschreibung von Relationen im Raum. Bereits Leibniz stellte die entscheidende Frage an Descartes: wenn Materie reine Ausdehnung ist, was ist es, das da ausgedehnt ist? Für Leibniz blieb der kartesische Materiebegriff rätselhaft. Von diesem Rätsel lenkte jedoch die Tatsache ab, dass sich die Beziehungen und Wechselwirkungen innerhalb des kartesischen Raumes sehr erfolgreich durch mathematische Methoden darstellen und anwenden ließen. Bis heute definiert die Naturwissenschaft daher ihre Forschungsgegenstände allein durch ihre Einbettung in das Netzwerk kausaler Beziehungen. Wenn man wissen will, was beispielsweise elektrische Ladung ist, so erhält man als Antwort eine

Beschreibung dessen, was elektrische Ladung tut, wie sie mit anderen Dingen oder Eigenschaften in Wechselwirkung steht. Wenn man wissen will, was Physiker mit dem Begriff ›Masse‹ meinen, so erhält man als Antwort, dass Masse in einem bestimmten Verhältnis zu Kraft und Geschwindigkeit steht, oder zu Energie und Lichtgeschwindigkeit. Man erfährt auch, dass Masse in einem Verhältnis steht zur Krümmung der Raumzeit, oder – ganz aktuell – durch eine Wechselwirkung mit dem Higgs-Feld entsteht. Die Physik beschreibt also eine Entität, indem sie angibt, was sie tut, wie sie mit ihrer Umwelt in Wechselwirkung steht. Ganz ähnlich wie Leibniz könnte man nun fragen, was es denn ist, das da miteinander in Wechselwirkung steht. Die Physik beschreibt mit höchster Präzision ein Netzwerk von Beziehungen und Wechselwirkungen, beantwortet aber nicht die Frage, was da miteinander in Beziehung steht. Manche haben nun behauptet, das ganze Universum bestehe eben ausschließlich aus Beziehungen und Wechselwirkungen. Es ist aber schwer einzusehen, dass es Beziehungen geben kann, wenn es nichts gibt, das in Beziehung steht. Die Relation verbindet Bezogenes, also Einzeldinge, die aufeinander bezogen sind. In gewisser Weise beschreibt die Physik also nur die Außenseite der Materie, nicht aber ihre innere Natur. Man kann nichts sehen, wie eine weitere Verfeinerung der Beobachtung und Vermessung der Wechselwirkungen und Relationen jemals zu dieser inneren Natur derjenigen Dinge vorstoßen kann, die sich in ebendiesen Wechselwirkungen und Relationen befinden. Damit haben wir nun ein zweites hartes Problem. Neben dem harten Problem des Bewusstseins gibt es also das harte Problem der Materie. Genauso wie ein Mehr an funktionalem Wissen über das Gehirn nicht vollständig klärt, wie das Bewusstsein entsteht, so erklärt ein mehr an funktionalen Wissen über die Wechselwirkungen der Elementarteilchen nicht, was deren innere Natur ist.

Das genetische Argument

Das harte Problem des Bewusstseins und das harte Problem der Materie sind jeweils der Ausgangspunkt eines Arguments für den Panpsychismus. Das harte Problem des Bewusstseins führt zum

›genetische Argument‹ für den Panpsychismus. Das harte Problem
der Materie führt zum ›Argument aus den intrinsischen Naturen‹.
Das genetische Argument fußt ganz grob gesprochen auf der
einfachen Alltagsintuition ›von nichts kommt nichts‹. Es kann etwas
aussagekräftiger auch so formuliert werden: Nichts kann etwas
geben, das es nicht besitzt. Philosophisch ist dies gleichbedeutend
mit der Ablehnung radikaler Emergenz. Emergenz ist das
unableitbare und unvorhersehbare Entstehen von neuartigen
komplexen Eigenschaften durch die bloße Anordnung und
Konfiguration einfacher Bausteine. Emergenz ist aber nur dann ein
erklärender Begriff, wenn man dieses plötzliche neue Auftreten von
Phänomenen auch verstehen kann. Nehmen wir als drastisches
Beispiel einmal an, es gäbe eine platonische Ideenwelt, die ohne die
Dimensionen Raum und Zeit auskäme. In ihre kämen beispielsweise
die Zahlen oder auch die Ideen der geometrischen Figuren vor.
Warum ist diese platonische Ideenwelt jenseits von Raum und Zeit?
Weil es keinen Sinn ergibt zu sagen, die Zahl 3 sei älter als die Zahl
5 oder liege rechts von der Idee des Kreises. Die platonische
Ideenwelt ist raum- und zeitlos. Könnte nun durch die Kombination
vieler platonischer Ideen plötzlich ein konkretes raumzeitliches
Objekt wie ein essbarer Apfel auftauchen? Diese Annahme erscheint
absurd. Es gibt keine Brücke vom rein Abstrakten zum raumzeitlich
Konkreten. Ebenso erscheint es umgekehrt absurd, dass durch eine
raffinierte Konfiguration raumzeitlicher Dinge etwas entsteht, das
nicht in Raum und Zeit existiert. Das genetische Argument für den
Panpsychismus sagt nun, dass das Entstehen von Bewusstsein aus
vollkommen bewusstseinsloser Materie ebenso unerklärlich ist. Geist
kann nicht aus geistloser Materie auftauchen. Aber, so mag man
einwenden, es gibt doch viele ganz harmlose Fälle, in denen Neues
in der Natur auftritt. Wir hatten schon den Fall der Flüssigkeiten
erwähnt. Einzelne Wassermoleküle sind nicht flüssig. Wenn sich aber
miteinander verbunden werden, so entsteht eine Flüssigkeit. Warum
genau ist dieser Fall von Neuartigkeit harmlos?

Weil wir in der Physik verstehen, wie diese Moleküle ›Brücken‹
bilden und miteinander verkleben, so dass eine Flüssigkeit entsteht.
Es handelt sich um Veränderungen innerhalb des Bereichs

physischer Formen, Strukturen und Wechselwirkungen. Wir können verstehen wie größere physische Objekte aus kleineren zusammengesetzt werden. Das Ganze ist zwar komplex, aber im Prinzip nicht rätselhafter als das Zusammensetzen einer Spielzeugfigur aus vielen kleinen einzelnen Legosteinen. Dabei entstehen neue Eigenschaften, aber ihr Auftreten resultiert direkt und vorhersehbar aus den Eigenschaften der kleinen Bausteine. Wir verstehen das Verhältnis von Teil zu Ganzem bei Legofiguren gut, da die Teile und das Ganze Dinge sind, die sich in der Sprache der Physik beschreiben lassen (Masse, Ausdehnung, Festigkeit). An keinem Punkt der Konstruktion bricht eine völlig andere Dimension wie das Bewusstsein hervor. Daher tritt hier kein Problem der Genese auf.

Wenn aber aus einem bewusstseinslosen Universum an irgendeinem Punkt plötzlich Bewusstsein hervorginge, so müsste man diesen radikalen Sprung ohne jegliches Verständnis als unableitbares factum und verständnislos hinnehmen.

Das Argument aus den intrinsischen Naturen.

Das harte Problem der Materie führt nun seinerseits zu einem Argument für den Panpsychismus. Beide harten Probleme hängen so also auf eine überraschende Weise zusammen. Man nennt dieses Gedankengang das ›Argument aus den intrinsischen Naturen‹. Wir hatten gesehen, dass die Physik Gegenstände relational beschreibt, also fragt, welche Tendenzen zu Wechselwirkungen sie haben. Elektrische Ladung wird beispielsweise durch die elektromagnetische Wechselwirkung bestimmt, also wie Materie auf elektrische oder magnetische Felder reagiert. Man sagt daher, dass die Physik und die auf ihr aufbauenden Naturwissenschaften die Welt dispositional beschreiben, d. h. als ein Geflecht möglicher Wechselwirkungen. Ein solches Netzwerk von Relationen lässt sich mathematisch präzise formulieren. Diese formale Struktur ist aber nicht schon die Sache selbst, denn eine Struktur ist immer die Struktur von etwas, das strukturiert wird. Eine Beziehung ist immer etwas, das zwei Dinge in Beziehung setzt. Anders gesagt: Die Struktur steht nicht in sich selbst, sie braucht einen Träger.

So kann man auch sagen, dass die mathematische Struktur eines Schachspiels, wo jede Figur dadurch definiert ist, was sie im Verhältnis zu anderen Figuren tun kann, noch nicht das ganze Schachspiel ausmacht. Die formale Struktur braucht einen Träger, seien es beispielsweise Schachbrett und Figuren aus Holz oder seien es Zustände im Speicher eines Computers. Die Physik liefert uns auch eine mathematische Beschreibung der Welt. Was ist nun der Träger der mathematischen Beschreibungen der Physik? Man könnte auch anders fragen: Was ist die intrinsische Natur, welche die Grundlage aller physikalischen Wechselwirkungen ist? Es muss etwas sein, dass selbst nicht wieder als Wechselwirkung beschrieben wird, sonst geraten wir in einen endlosen Regress. Das einzige rein intrinsische Phänomen, das wir kennen, ist das Bewusstsein. Phänomenales Bewusstsein, etwa ein Schmerzerlebnis, lässt sich nicht vollständig verständlich machen als Wechselwirkung zwischen physischen Objekten, seien es die Neuronen oder noch kleinere Bausteine. In der Tat ruht das Bewusstsein so in sich selber, dass Descartes mit Recht behauptete, dass es möglich sei, dass ich mir die ganze Welt, mit der ich scheinbar in Wechselwirkung zu stehen scheine, nur erträume. Weil das Bewusstsein also in diesem Sinn in sich ruht, ›intrinsisch‹ ist, könnte es die gesuchte innere Natur der Materie sein und damit der Träger aller physischen Wechselwirkungen.

Dieser Gedanke lässt sich von Leibniz über Whitehead und Teilhard de Chardin bis in die Gegenwart verfolgen. Der Physiker Sir Arthur Eddington vertrat die These, dass die Physik uns nur ein großes und komplexes Netzwerk von Relationen beschreibe, dass sich hinter diesem Äußeren der Materie aber etwas Unbekanntes verberge, das die Grundlage unseres Bewusstseins sei. Bertrand Russell hat diesen Gedanken systematisch entfaltet. Nach seiner Auffassung greift die physikalische Beschreibung nur bestimmte abstrakte Strukturen der Raumzeit heraus. Was die innere Natur der raumzeitlichen Dinge ist, wird durch die physikalische Beschreibung nicht erfasst. Russell stellt nun ebenfalls die Frage, ob diese innere Natur nicht analog zu unserem Bewusstsein aufgefasst werden soll. Unser eigenes Bewusstsein wäre dann der einzige Fall, in dem wir die Natur der Materie von innen heraus kennen. Mit allen anderen materiellen Dingen sind wir nur über Wechselwirkungen verknüpft und kennen daher nur ihre Außenseite. Wenn aber das Bewusstsein die ›Innenseite‹ der Materie ist, dann gibt es nichts Materielles, das nicht auch einen geistigen Aspekt aufweist. Das ist die These des ›Panpsychismus‹: alles, was es gibt, hat einen geistigen Aspekt.

Altehrwürdig und aktuell

Der Panpsychismus ist eine Strömung, die sich in gewissen Wellenbewegungen seit der Antike immer wieder zu Wort meldet. Eine lesenswerte Geschichte des Panpsychismus in der westlichen philosophischen Tradition von den Vorsokratikern bis heute legte kürzlich David Skrbina vor. Der neuzeitliche Panpsychismus nimmt seinen Ausgang mit Philosophen wie Spinoza und Leibniz. Gerade in der deutschen Philosophie erlebte der Panpsychismus später eine wahre Blüte bei Denkern wie Gustav Fechner, Wilhelm Wundt und Gustav Hermann Lotze und nicht zuletzt bei Arthur Schopenhauer. Im 20 Jahrhundert war der bedeutendste Panpsychist der Philosoph Alfred N. Whitehead, aber zum Beispiel auch die Gründerfigur der modernen Psychologie, William James, wäre hier zu nennen. Beide, Whitehead und James, halten den Panpsychismus für eine sehr aktuelle Sicht, die gut mit dem Evolutionsparadigma übereinstimmt. Wenn die Evolution stetig verläuft, dann muss der Geist von Anfang an in einer primitiven Form dagewesen sein. Trotz der vielfältigen historischen Ausprägungen des Panpsychismus hält sich die Grundidee durch. Sie besagt, dass – metaphorisch gesprochen – Materie und Geist bloß zwei Seiten einer Medaille sind. Diese These unterscheidet sich deutlich von der Identitätstheorie, die annimmt, dass Materie und Geist identisch seien. Denn, um in der Metapher zu bleiben, die Vorder- und die Rückseite einer Medaille sind nicht identisch. Sie unterscheidet sich auch von der dualistischen These, nach der Geist und Materie zwei unabhängig voneinander existierende Substanzen sind, die miteinander in Wechselwirkung stehen. Schließlich unterscheidet sie sich auch von der idealistischen Auffassung, nach der die zugrundeliegende Realität rein geistig und die Materie nur eine Erscheinung ist. Das griechische ›Pan‹ (alles) im Wort ›Panpsychismus‹ bedeutet also nicht, dass alles geistig ist, sondern dass alle Entitäten zumindest einen geistigen Aspekt, vielleicht sogar eine geistige intrinsische Natur haben. Wenn aber Materie und Geist so eng miteinander verbunden sind, dann ist überall da, wo Materie ist, auch Geist. In seinem Werk ›Das Herz der Materie‹ beschreibt Teilhard de Chardin sehr eindrucksvoll, wie er zu der Erkenntnis gekommen sei, dass Materie und Geist nicht zwei getrennte Substanzen sind, sondern die beiden Gesichter ein und desselben kosmischen Stoffes. Er gelangte zu der Überzeugung, dass der Geist das ›Herz‹ der Materie sei. Dies ist eine genuin panpsychistische These. Teilhard de Chardin wäre vermutlich nicht überrascht gewesen, dass heute einer der weltweit führenden Hirnforscher, Christof Koch, den Panpsychismus für die eleganteste und einfachste Erklärung des Universums hält. Er wäre auch nicht erstaunt, dass ein renommierter Physiker wie Henry Stapp behauptet, dass die physischen Strukturen des Universums nicht in sich ruhen, sondern dass Erfahrung und mentale Perspektivität in die dynamischen Prozesse der Natur von Anfang an eingehen. Für ihn ist das Universum ›voll des Geistes‹. Der Neurophysiologe Giulio Tononi hat eine der zurzeit einflussreichsten Theorien des Bewusstseins entwickelt. Sie arbeitet mit dem Begriff der ›integrierten Information‹. Damit ist die Fähigkeit eines Systems gemeint, Informationen zu integrieren, d.h. auf sich selbst anzuwenden und somit das zukünftige Verhalten zu steuern. Der Grad der Integration lässt sich messen. Dabei ergeben sich im traumlosen Schlaf, während der Narkose und im Koma tatsächlich auf Ebene des Gehirns die Veränderungen in der Informationsverarbeitung, die von der Theorie vorhergesagt wurden. Es ergibt sich aber überraschenderweise aus der Theorie, dass man keineswegs ein komplexes Nervensystem braucht, um integrierte Information zu erzeugen. Auch Bakterien oder andere primitive Lebewesen können nach der Theorie genügend integrierte Information erzeugen, um ein minimales Bewusstsein zu haben. Der Panpsychismus ist also auch in der Naturwissenschaft angekommen.

Der Physiker Bernard Haisch vertrat sogar kürzlich die These, unser Kosmos könne eine Software sein, die durch die Hardware eines göttlichen Bewusstseins realisiert werde.

Theologisch fruchtbar

Auch ohne derart radikale Thesen ist der Panpsychismus in vielfacher Hinsicht ein interessanter Gesprächspartner für die Theologie. In einer Welt, die mehr ist als ein Mechanismus ist, der sich mathematisch erschöpfend beschreiben lässt, hat Gott wieder einen Platz. Nicht umsonst nahm einer der wichtigsten Neuansätze der philosophischen Gotteslehre im 20. Jahrhundert seinen Ausgang vom panpsychistischen System Whiteheads. In dieser so genannten ›Prozesstheologie‹ kann Gott in der Welt wirken, ohne jemals wirkursächlich in sie einzugreifen. Da jede Entität, selbst ein Elementarteilchen, einen geistigen Pol hat, kann Gott auf final- oder formursächliche Weise in der Welt wirken, indem er den geschaffenen Dingen Möglichkeiten anbietet, die sie aus ihrer eigenen Freiheit heraus realisieren können. Dies ist dann nicht mehr der thomistische Gott, der aus dem ›Kuchenteig‹ der passiven Materie bestimmte Formen aktiv ›heraussticht‹. Es ist hier vielmehr die geistbegabte Materie, die sich aktiv selbst organisiert, indem sie die von Gott angebotenen Möglichkeiten realisiert. Wir haben so das moderne Weltbild eines sich selbst organisierenden Kosmos mit der Schöpfungstheologie versöhnt. Der ›Handwerkergott‹ wird zu einem Gott, der mit seinem Geschöpf in einer geistigen Beziehung steht, der jedes Geschöpf bei seinem Namen ruft und ihm eine Zukunft eröffnet.
Der Panpsychismus kann also helfen, die Kluft zwischen religiösem Glauben und naturwissenschaftlichen Wissen zu überbrücken. Wäre es nicht faszinierend, wenn die einfachste und eleganteste Erklärung des Universums gleichzeitig eine wäre, die mit dem Schöpfungsglauben harmoniert?« Zitat Ende. [69/70]

Zitat

Der Mensch hat alle Ursache, sich selbst für den wunderbarsten Gegenstand der Natur zu halten. Er vermag nicht zu begreifen, was der Körper, und noch weniger, was der Geist ist, und am allerwenigsten, wie ein Geist mit einem Körper verbunden sein kann.

Blaise Pascal

Was ist Monismus beziehungsweise Dualismus?

In der Philosophie, das ist so eine Sache, wird allgemein angenommen, dass der Monismus von einer Substanz ausgeht, das bedeutet, alles ist Geist und nur alle geistigen Vorgänge sind real. Hingegen der Dualismus in der Regel aus zwei Substanzen besteht, nämlich aus Materie und Geist. [71] Es ist die Lehre von der einzigen Wirklichkeit. Der Gegensatz dazu ist Pluralismus und Dualismus. Demnach ist die Wirklichkeit einheitlich. Philosophisch gesprochen geht es um ein einziges absolutes Prinzip als Seinsgrundlage für die gesamte Wirklichkeit. [72]

Die gefühlsmäßigen Unterschiede des Dualismus zwischen dem mentalen Innenleben sowie der physischen Realität reagieren wie folgt: Der Dualismus besteht auf der Aussage, dass es sich hierbei grundsätzlich um zwei verschiedene Phänomene handelt. Einmal die mentalen und die physische Entitäten.

Hierbei kommt es darauf an, wie diese Entitäten weiter definiert werden, je nachdem wie wir uns das Größenverhältnis von mentalen und physischen Entitäten vorstellen, kann man durchaus zu sehr unterschiedlichen Arten von Dualismen gelangen.

Die Frage ist, ob der Dualismus nur auf der intuitiven Kluft zwischen Mentalem oder dem Physischem ruht?

Gibt es faktische Belege für den Dualismus?

René Descartes hat in seiner Selbstbesinnung und inneren Einkehr wohl hier eines der bekanntesten Argumente dazu geliefert. (3) Es lässt sich wie folgt zusammenfassen: »*Ich kann mir klar und deutlich vorstellen, dass Geist ohne Materie existiert. Was man sich klar und deutlich vorstellen kann, ist zumindest prinzipiell* <u>*möglich*</u>. *Also ist es zumindest prinzipiell*

*möglich, dass Geist ohne Materie existiert. Wenn es prinzipiell
möglich ist, dass Geist ohne Materie existiert, dann müssen
Geist und Materie verschiedene Entitäten sein. Da also Geist
und Materie verschiedene Entitäten sein müssen, ist der
Dualismus folglich wahr.« Zitat Ende.* [73]

Annmerkung: (3) René Descartes: Meditationes de prima philosophia. 1641

Der Duden definiert den Begriff Dualismus als »philosophisch-religiöse Lehre, nach der es nur zwei voneinander unabhängige ursprüngliche Prinzipien im Weltgeschehen gibt«.

Was versteht man unter der Doppelaspekttheorie?

Die Doppelaspekttheorie ist die dritte Auffassung. Sie drückt aus, dass unser Gehirn wohl der einzige Ort des Bewusstseins ist. Allerdings sind die bewussten Zustände des Gehirns nicht nur physikalisch. Es ist nicht möglich, das Gehirn allein als physikalischen Gegenstand anzusehen.

Thomas Nagel (* 4. Juli 1937 in Belgrad) ist ein US-amerikanischer Philosoph. Er lehrt an der New York University School of Law und bearbeitet ein weites Themenspektrum. Er lehrt derzeit unter anderem an der University of California, Berkeley und an der Princeton University Doppel-Aspekt-Theorie, dazu schreibt er:

»Körper und Geist sind eine Einheit, die sowohl über eine physische Wirklichkeit, also der von außen betrachtet – und zerlegbaren, als auch über eine psychische Wirklichkeit, also eine uneinsichtbare Innenperspektive verfügt.« [74]

Laut Thomas Nagel kommt es vor, dass wir in einigen Fällen wissen, wie das Gehirn unser Bewusstsein beeinflussen kann, aber auch das Bewusstsein unser Gehirn. Zwischen unserem

Gehirn und Bewusstsein sowie zu unseren physikalischen Abläufen bestehen komplexe Beziehungen zueinander. Bis zu diesem Punkt zählt alles in dieser Richtung zur Naturwissenschaft und eben nicht zur Philosophie.

Die philosophische Frage hierzu wäre wohl, gibt es eine Verbindung zwischen Gehirn und Geist. Sind unsere Wahrnehmungen, Gefühle oder auch Gedanken, Empfindungen oder auch Wünsche, Geschehnisse, welche noch zusätzlich zu unseren physikalischen Abläufen unseres Gehirns hinzukommen, oder ist es so, dass das Gehirn eine Teilmenge dieses physikalischen Vorgangs ausmacht. Eine mögliche Antwort hieraus wäre, dass es eine Seele geben muss, welche auf eine bestimmte Art und Weise mit unserem Körper verbunden ist, so dass sie beide gegenseitig aufeinander einwirken beziehungsweise reagieren können. Verhält es sich so, dann existieren wir aus zwei äußerst unterschiedlichen Dingen. Gemeint ist hier einmal ein sehr komplexer physischer Organismus, wogegen eine rein mentale Seele steht. Aus diesem Grund bezeichnet man diese Überlegung auch als »Dualismus«.

Warum ist die Naturwissenschaft so fortschrittlich? Die Antwort liegt darin, dass sie das Psychische aus den Bereichen ausklammern oder auch aussparen, welches sie zu deuten suchen – sehr wahrscheinlich ist aber, dass es zwischen Himmel und Erde deutlich mehr gibt als jenes, was man in der heutigen Zeit mit den Mitteln der Naturwissenschaften überhaupt begreifen kann. [75]

Winfried Dressler ist Physiker. Er schreibt zu diesem Thema:

»In einer Radiosendung, die ich kürzlich hörte, empfiehlt Peter Bieri – jener Philosoph, der das Lesen von Begriffsklärungen wie dem der Würde oder der Freiheit zum Vergnügen macht –

jedem an Philosophie Interessierten ein kleines Büchlein von knapp 100 Seiten des amerikanischen Philosophen Thomas Nagel: ›Was bedeutet das alles? Eine ganz kurze Einführung in die Philosophie.‹ In einem Einleitungs- und neun thematischen Kapiteln stellt Nagel die zentralen Probleme philosophischen Nachdenkens vor. ›Das psychophysische Problem‹ ist das dritte Kapitel. Er beschreibt, dass zwar Vorgänge im Geist von Vorgängen im Gehirn abhängen, dies gehört aber zu den Naturwissenschaften, nicht zur Philosophie. Die philosophische Frage lautet: ›Ist unser Geist etwas, das zwar mit unserem Gehirn in Verbindung steht, aber doch von ihm unterschieden ist, oder ist er unser Gehirn?‹ Er beschreibt kurz drei mögliche Positionen: Den Dualismus, der Geist und Gehirn für zwei verschiedene Dinge hält. Den Physikalismus, der davon ausgeht, dass es nur eine Frage der Zeit ist, bis der Geist vollständig aus dem Gehirn erklärbar ist. Und schließlich die Doppelaspekttheorie, der ›zufolge [wir uns] nicht aus einem Körper plus einer Seele zusammensetzen – sondern lediglich ein Körper sind, dass jedoch unser Körper, oder zumindest unser Gehirn, kein bloß physikalisches System ist. Er ist ein Objekt mit sowohl physikalischen als auch psychischen Aspekten: er lässt sich zwar anatomisch zerlegen, er besitzt jedoch in gewissem Sinne einen inneren Raum, der durch eine solche Vivisektion nicht aufgedeckt zu werden vermag.‹ Das Kapitel vermutet am Ende:

›Man wird so lange keine angemessene Gesamtauffassung der Wirklichkeit besitzen, als man nicht erklären kann, auf welche Weise eine Vielzahl physikalischer Elemente, sofern sie auf die richtige Weise zusammenkommen, nicht allein einen funktionsfähigen biologischen Organismus bildet, sondern darüber hinaus ein bewusstes Wesen.

Könnte man das Bewusstsein selbst mit irgendeinem physikalischen Zustand identifizieren, so hätte man freie Bahn für eine vereinheitlichte physikalische Theorie von Geist und Körper, und daher vielleicht auch für eine physikalische Einheitswissenschaft vom Universum. Das Gewicht der Argumente gegen eine rein physikalische Theorie des Bewusstseins macht es jedoch wahrscheinlich, dass eine physikalische Theorie der gesamten Wirklichkeit nicht möglich ist. Die Naturwissenschaften verdanken ihren Fortschritt der Tatsache, dass sie das Psychische aus dem Gebiet dessen aussparen, das sie zu erklären suchen, doch womöglich gibt es zwischen Himmel und Erde mehr, als man mit den Mitteln der Naturwissenschaften verstehen kann.‹

Das physikalistische Weltbild ist so dominant, dass eine religiös gläubige Person, die dieses in Frage stellen möchte, gleich unter den Verdacht fällt, nur ihre (vermeintlich rückständigen) Ansichten verteidigen zu wollen – es lohnt nicht, ihr zuzuhören. Gerade weil die Philosophie nicht bekannt dafür ist, im Dienst des Glaubens zu stehen, tut es gut, ihr zuzuhören, wenn sie in Frage stellt, was dem allgemeinen Denken bereits als gesichertes Wissen erscheint.« Zitat Ende.
Autor: Winfried Dressler, Physiker [76]

Wir wissen einfach nicht, wie unser Geist beziehungsweise unser Gedächtnis sowie unsere Erfahrungen arbeiten/funktionieren, das belegen zahlreiche Studien. Dazu sind wir nicht in der Lage, warum, weil wir es schlicht nicht wissen, wie sich in unserem Gehirn das Ganze exakt niederschlägt.
Hier stellt sich die Frage, wer wir eigentlich sind.
Möglicherweise sind wir weitaus mehr als nur Körper, welcher aus Organen und Zellen und einem Nervensystem besteht.
Es ist absolut vorstellbar, dass wir als Wesen über unser Gehirn hinausreichen. Manche sagen dazu Seele oder Geist.

Es existieren Energien, Kräfte und Dinge, welche von uns noch nicht entdeckt wurden, die wir aber vielleicht auch nie entdecken werden. Ob man diese vorhandene Lücke durch Religion oder Spiritualität füllen möchte, bleibt jedem selbst überlassen. Nach heutigem Wissensstand ist es nicht auszuschließen, dass wir mehr sind als unsere körperliche Hülle. Ein unabhängiges Bewusstsein lässt sich wohl nur noch schwer bezweifeln.

»Wären Wissenschaftler in der Lage, auf eine höhere Erkenntnisebene zu gelangen, was würde das eigentlich bedeuten? Je höher die Ebene, desto größer die Erkenntnis. Aber auch dort trifft man eben notwendigerweise wieder auf Wahrheiten, beziehungsweise wieder auf unbeweisbare Aussagen. So muss man dann eben wieder auf eine höhere Ebene der Erkenntnis gehen. Auch auf dieser Ebene trifft man wieder auf unbeweisbare Aussagen. Hat man schließlich die Ebene der Erkenntnis erreicht, die das ganze Universum umschließt, taucht die Frage auf, reicht sie uns dann endlich, um auch unbeweisbare Aussagen wissenschaftlich zu belegen? Die Antwort dazu lautet: leider nicht. Auch das Universum ist ein geschlossenes System mit unbeweisbaren Aussagen. Also bräuchte man ein noch viel größeres System (Ebene). Dieses steht uns Menschen leider nicht zur Verfügung. Wir haben es schlicht nicht. Das bedeutet, unsere Erkenntnis ist notwendigerweise begrenzt.« Zitat Ende. [77]

Unser Ich ist keinesfalls hinter den Augenhöhlen beziehungsweise im Kopf zu finden, es ist vielmehr im weitesten Sinne als Seele anzusehen, welche unabhängig vom Körper existiert.

Sir Peter Medawar erhielt den Nobelpreis für Physiologie und Medizin »für ihre Entdeckung der erworbenen

immunologischen Toleranz«. In seinem Buch »Advice for a
Young Scientist« (Ratschlag für angehende Wissenschaftler)
hat er u. a. nachstehend folgenden Satz geschrieben:

*»Es ist nicht schwer zu erkennen, dass die Wissenschaft
begrenzt ist, und wir tun ihr keinen Gefallen, als könne sie jede
Frage beantworten. Sehen wir die einfache Frage eines
Kindes, woher komme ich, wohin gehe ich, was ist der Sinn des
Lebens, darauf hat die Wissenschaft keine Antwort. Oxford
könnte die Hälfte ihrer Fakultäten schließen, wenn
Wissenschaft der einzige Weg zur Wahrheit wäre.
Fundamentale Fragen der Ethik kann sie nicht behandeln,
jedoch aus der Sicht des Wissenschaftlers und des
Materialisten muss sie es können.«* Zitat Ende.

Zitat

»Der erste Schluck aus dem Becher der Naturwissenschaft macht
atheistisch, aber auf dem Grunde des Bechers wartet Gott!«

»Werner Heisenberg«

Werner Karl Heisenberg war ein deutscher Physiker und
Nobelpreisträger. Heisenberg gab 1925 die erste mathematische
Formulierung der Quantenmechanik an.

Quelle: https://www.koerper-welten.de/home/zitatensammlung/

Ob der Mensch und unsere Welt nur Materie sind, kann die Wissenschaft nicht entscheiden, oder ob darüber hinaus noch eine immaterielle Dimension existiert. Damit die Naturwissenschaft ihre Grenzen zur Weltanschauung nicht überschreitet, ist die Verantwortung für ihr Verhalten enorm beziehungsweise außerordentlich. Wissenschaftler sollten mit dem Gedanken leben, dass sie wissen, wo ihre Grenzen sich befinden. Nicht zuletzt liefert die Hirnforschung einen faszinierenden Einblick in unser menschliches Gehirn. Eng verknüpft ist die Funktion des Gehirns mit all den Fähigkeiten des Menschen. Der Mensch begreift sich als eine bewusste Einheit, als sogenanntes »Ich«, welches beispielsweise Liebe, Töne, Farben und Schmerzen erleben kann. Unser persönliches »Ich« erkennt Bedeutungen und sieht sich als Autor beziehungsweise Urheber seiner persönlichen Absichten und trifft somit auch eigene Entscheidungen. Der Mensch sucht nach dem tieferen Sinn seiner Existenz.

Die Frage ist, ob es dem Wesen des Menschen gerecht wird, diese Phänomene einzig und allein auf die Funktion der Neuronen in unserem Gehirn zu reduzieren. Unser »ich« legt uns nahe, dass wir wohl mehr sind als sein Gehirn.

Diejenigen, welche dieses Wissen nicht völlig ignorieren, werden feststellen, dass alles, was wir wissen, von einem Augenblick zum anderen lückenlos und umfassend auf den Kopf gestellt werden kann, um zu dieser realen und wahren Erkenntnis zu gelangen. Wir sind noch lange nicht an der absoluten Wahrheit angekommen, das zeigen uns Neurowissenschaft sowie Philosophie und auch die Quantentheorie. Ob wir die Endstation des Wissens wirklich, tatsächlich und absolut erreichen, halte ich mit Verlaub für äußerst unwahrscheinlich. Warum, da sie unseren Geist, so glaube ich, bei Weitem überfordern würde.

Zitat

»Die wunderbare Einrichtung und Harmonie des Weltalls kann nur nach dem Plane eines allmächtigen Wesens zustande gekommen sein. Das ist und bleibt meine letzte Erkenntnis.«

Isaak Newton, Physiker, Mathematiker und Astronom

(1643–1727)

Quelle:https://www.jan-haugg.de/wissenschaft_und_glaube_ziate_beruehmter_wissenschaftler/

Epilog

Dieses Buch erhebt keinen Anspruch auf Vollständigkeit, da es vielschichtige und ineinandergreifende Themen beinhaltet, welche sich wohl nie bis ins Kleinste uns offenbaren werden. Die absolute Wahrheit in diesem vorstehenden Kontext zu finden, dürfte für die Menschheit sehr schwierig werden, wenn nicht sogar unlösbar. Demnach darf bezweifelt werden, dass sich dieses komplexe Thema jemals absolut dechiffrieren lässt. Dessen ungeachtet bleibt es den Leserinnen und Lesern dieses Buches natürlich selbst überlassen, welche Interpretationsmöglichkeiten sie aus meinen Gedankengängen und Zusammenfassungen zulassen.

Anmerkungen:

Quellen:

01 Vergl.: https://de.wikipedia.org/wiki/Das_Vorbewusste

abgerufen am: 09.11.2019

1 Vergl.: https://www.grin.com/document/165415

abgerufen am: 12.11.2019

2 Vergl.: https://www.google.de/search?
amsafe=strict&ei=1tKTX_iWLs25kwXPtbrIAQ&q=%28+Der+franz
%C3%B6sische+Philosoph+Ren%C3%A9+Descartes+war+der+
%C3%9Cberzeugung
%2C+dass+das+Gehirn+als+oberste+Instanz+den+K
%C3%B6rper+steuert.
+Er+vertrat+die+Theorie+von+Leib+und+Seele+als+getrennte+Einheit
en.+Und+pr%C3%A4gte+so%2C+wie+wir+bis+heute+
%C3%BCber+Geist+und+K%C3%B6rper+denken.+%29+&oq=
%28+Der+franz%C3%B6sische+Philosoph+Ren
%C3%A9+Descartes+war+der+%C3%9Cberzeugung
%2C+dass+das+Gehirn+als+oberste+Instanz+den+K
%C3%B6rper+steuert.
+Er+vertrat+die+Theorie+von+Leib+und+Seele+als+getrennte+Einheit
en.+Und+pr%C3%A4gte+so%2C+wie+wir+bis+heute+
%C3%BCber+Geist+und+K%C3%B6rper+denken.+
%29+&gs_lcp=CgZwc3ktYWIQAzoECAAQDToICAAQCBANEB5Q-
tk_WPrrP2DH8z9oAXAAeAOAAcYBiAGgDZIBAzkuOJgBAKABAa
ABAqoBB2d3cy13aXqwAQDAAAQE&sclient=psy-
ab&ved=0ahUKEwj42ZXf1czsAhXN3KQKHc-
aDhkQ4dUDCAw&uact=5   https://www.google.de/search?
safe=strict&ei=1tKTX_iWLs25kwXPtbrIAQ&q=%28+Der+franz
%C3%B6sische+Philosoph+Ren%C3%A9+Descartes+war+der+
%C3%9Cberzeugung
%2C+dass+das+Gehirn+als+oberste+Instanz+den+K
%C3%B6rper+steuert.
+Er+vertrat+die+Theorie+von+Leib+und+Seele+als+getrennte+Einheit
en.+Und+pr%C3%A4gte+so%2C+wie+wir+bis+heute+
%C3%BCber+Geist+und+K%C3%B6rper+denken.+%29+&oq=

%28+Der+franz%C3%B6sische+Philosoph+Ren
%C3%A9+Descartes+war+der+%C3%9Cberzeugung
%2C+dass+das+Gehirn+als+oberste+Instanz+den+K
%C3%B6rper+steuert.
+Er+vertrat+die+Theorie+von+Leib+und+Seele+als+getrennte+Einheit
en.

+Und+pr%C3%A4gte+so%2C+wie+wir+bis+heute+
%C3%BCber+Geist+und+K%C3%B6rper+denken.+
%29+&gs_lcp=CgZwc3ktYWIQAzoECAAQDToICAAQCBANEB5Q-
tk_WPrrP2DH8z9oAXAAeAOAAcYBiAGgDZIBAzkuOJgBAKABAa
ABAqoBB2d3cyl3aXqwAQDAAQE&sclient=psy-
ab&ved=0ahUKEwj42ZXf1czsAhXN3KQKHc-
aDhkQ4dUDCAw&uact=5
abgerufen am 03.12.2019

3 Vergl.: Anmerkung: Metzler, Philosophie Lexikon: Begriffe und
Definitionen, hrsg. von Peter Prechtl und Franz-Peter Burkard Stuttgart/
Weimar: Metzler, 1996
ISBN 3-476-01257-3 (Vergleiche Seite 71 PP)

4 Vergl.: Historisches Wörterbuch der Philosophie. Herausgeber:
Joachim Ritter, Wissenschaftliche Buchgesellschaft Darmstadt,
Bestellnummer: 4312.I Hist. Wb. Philos 1/1971 by Schwabe & Co.
Basel. Gesamtherstellung: Schwabe & Co. Basel, Band 1: A–C
Vergleiche Seite 888–890
(1)B. Farbers Thesaurus eruditionis, scholasticae, z. B. in der A. Von
1696 (1571 Trübners DEUTSCH Wb. (1939) 322: Art. B. (3) Chr.
Wolff: Vern. Ged. Von Gott … I, cap. 3,§ 194. – (4) J.-P. Sartre: L'etre et
le néant (1943) 29. -(5)H. Ey: Das B. dtsch. von K.P. KISKER (1967);
ebenso GRAUMANN (Lit. 1966 89. – (H) BIÄSCH: Mobilität und B.
Psychol.Rdsch. 2 (1951) 194–203. –

5 Vergl.: S. 11 ff. »Ich ist nicht Gehirn«/Philosophie des Geistes für das
21. Jahrhundert, Autor: Markus Gabriel, 2. Auflage 2019, Verlag
Ullstein

6 Vergl.: .google.de/search?safe=strict&ei=sYt8X-
CIGqxXisAewprHgCw&q=Was+ist+Naturalismus+philisophisch&oq=W

as+ist+Naturalismus+philisophisch&gs_lcp=CgZwc3ktYWIQAzIHCC
EQChCgAToHCAAQRxCwAzoECAAQDToICAAQCBANEB46BAgA
EEM6CAgAELEDEIMBOgIIADoICC4QsQMQgwE6BQgAELEDOgk
IABBDEEYQ-
QE6BQguELEDOgQILhBDOgcIABBGEPkBOgYIABAWEB46BQgh
EKABSgUIJhIBblCBwwdYi-

oIYIHyCGgCcAJ4BIABtAKIAcknkgEINDkuNi4xLjGYAQCgAQGqA
Qdnd3Mtd2l6sAEAyAEIwAEB&sclient=psy-
ab&ved=0ahUKEwigpbDUoqDsAhUlMewKHTBTDLwQ4dUDCAw&
uact=5 Wikipedia

abgerufen am 06.12.2019

7 Vergl.: Markus Gabriel »Ich ist nicht Gehirn«/Philosophie des Geistes
für das 21. Jahrhundert, Autor: Markus Gabriel, 2. Auflage 2019 ,Verlag
Ullstein, S. 15 ff.

8 Vergl.: »Ich ist nicht Gehirn«/Philosophie des Geistes für das 21.
Jahrhundert, S. 11–20, Autor: Markus Gabriel, 2. Auflage 2019

9 Vergl.: https://www.n-tv.de/wissen/frageantwort/Welche-Tiere-
erkennen-sich-im-Spiegel-article20916990.html / Quelle: ntv.de
abgerufen am: 15.12.2019

10 Vergl.: https://www.dasgehirn.info/denken/bewusstsein/was-ist-
bewusstsein?
gclid=EAIaIQobChMIrInxq5Tb6QIV2ZrVCh02YQTPEAMYASAAEg
J1N_D_BwE Autor: Ulrich Pontes
abgerufen am: 15.12.2019

11 Vergl.: https://www.zeit.de/wissen/2017-10/was-ist-Bewusstsein
abgerufen am: 16.12.2019

12 Vergl.: https://www.seele-und-gesundheit.de/psycho/bewusstsein.html
abgerufen am: 01.01.2020

13 Vergl.: https://www.dasgehirn.info/denken/bewusstsein/was-ist-bewusstsein Autor: Ulrich Pontes
abgerufen am: 03.01.2020

14 Vergl.: https://www.erwachtes-bewusstsein.de/traum-wirklichkeit-450/ Der Text ist unter der Lizenz »Creative Commons « verfügbar; Wikipedia® ist eine eingetragene Marke der Wikimedia Foundation Inc.
abgerufen am: 05.02.2020

15 Vergl.: https://www.luzida.de/unterschied-wachbewusstsein-traumbewusstsein/
abgerufen am: 06.02.2020

16 Vergl.: https://www.psychiater-psychotherapie.com/?p=4101
abgerufen am: 03.03.2020

17 Vergl.: https://www.horizonworld.de/dieter-broers-was-bedeutet-eigentlich-bewusstseinserweiterung/
abgerufen am: 14.03.2020

18 Vergl.: https://www.google.de/search?
safe=strict&source=hp&ei=7cP9X9XxOImhUIDgipAK&q=bewusstsein
serweiterung+bedeutung&oq=bewusstseinserweiterung&gs_lcp=CgZwc
3ktYWIQARgIMgIIADICCAAyAggAMgIIADICCAAyAggAMgIIADI
CCAAyAggAMgIIADoICAAQsQMQgwE6BQguELEDOgUIABCxAz
oICC4QsQMQgwE6CwgAELEDEMcBEKMCOgIILjoICAAQxwEQr
wFQ5t4DWIKQBGDcwgRoAXAAeACAAXKIAdcMkgEEMjAuM5g
BAKABAaoBB2d3cyl3aXqwAQA&sclient=psy-ab 16
abgerufen am: 18.03.2020

19 Vergl.: Descartes 1992, 47 ff.

20 Vergl.: »Ich ist nicht Gehirn«/Philosophie des Geistes für das 21. Jahrhundert S. 158ff. Autor: Markus Gabriel 2. Auflage 2019

21 Vergl.: de.wikipedia.org/wiki/Monismus, abgerufen am: 16.04.2020

22 Vergl.: https://www.palverlag.de/lebenshilfe- abgerufen am: 12.05.2020

23 Vergl.: https://zeitzuleben.de/das-unterbewusstsein-eine-einfuhrung/ abgerufen am 21.05.2020

24 Vergl.: lexikon.stangl.eu/unbewusste abgerufen am: 22.05.2021

Literatur: C.G. Jung (1964). Die Beziehung zwischen dem Ich und dem Unbewussten, Carl Robert Eduard von Hartmann (1869). Philosophie des Unbewussten, Carl Dunckers Verlag (http://books.google.at/books? id=KiYCAAAAQAAJ&pg=PA311&dq= Bewusstes+und+Unbewusstes&hl=de&ei=cVnRTLTIEpWy4Aayi5jiDA &sa= X&oi=book_result&ct=book- thumbnail&resnum=6&ved=0CEUQ6wEwBQ# v=onepage&q=Bewusstes%20und%20Unbewusstes&f=false)

Eugen und Manfred Bleuler (1916). Lehrbuch der Psychologie, Sprenger Verlag. Sigrid Lang (2008). Das Überich bei Sigmund Freud, GRIN Verlag. © Werner Stangl Wien Linz Freiburg 2021 (Stangl, 2021).

Verwendete Literatur
Stangl, W. (2021). Stichwort: ›Unbewusste – Online Lexikon für Psychologie und Pädagogik‹. Online Lexikon für Psychologie und Pädagogik.
WWW:
https://lexikon.stangl.eu/1793/unbewusste (2021-05-28) abgerufen am: 22.05.2021

25 Vergl.:www.psychotipps.com/unterbewusstsein 23 Autorin: Dr. Doris Wolf Diplom-Psychologin und Psychotherapeutin

abgerufen am: 26.05.2021

151

26 Vergl.: https://praxistipps.chip.de/das-unterbewusstsein-so-beeinflusst-es-uns_118962 | Autorin: *Natja Freudensprung* abgerufen am: 28.05.2021

27 Vergl.: https://www.hypnose-strondl.de/unbewusstsein-und-unterbewusstsein-unterschiede/ abgerufen am 29.05.2021

28 Vergl.: https://www.sozial.de/das-individuelle-und-das-kollektive.html / abgerufen am: 31.05.2021

29 Vergl.: http://www.multimedia-pflege.de/paed/soziologie/kollektivbewusstsein.html Quellen: Esser 1993, S. 403 ff./Habermas 1995 II, S. 203 abgerufen am: 01.06.2021

30 Vergl.: https://www.spektrum.de/lexikon/biologie/denken/17326 Autor: Franz M. Wuketits abgerufen am: 01.06.2021

31 Vergl.: *de.wikipedia.org/wiki/Denken* abgerufen am: 03.06.2021

32 Vergl.:https://www.br.de/radio/bayern2/sendungen/radiowissen/mensch-natur-umwelt/gehirn-gedanke102.html abgerufen am: 04.06.2021

33 Vergl.: https://www.user-mind.de/emotionale-relevanz-mit-bewusstsein-schaffen/ Autorin: *Charlotte Kalz* abgerufen am: 06.06.2021

34 Vergl.: https://www.scinexx.de/dossierartikel/empathische-tiere/ Autorin: Daniela Albat/31. Mai 2019 abgerufen am: 10.06.2021

35 Vergl.: de.wikipedia.org/wiki/Empathie abgerufen am: 15.06.2021

36 Vergl.: de.wikipedia.org/wiki/Hass
abgerufen am 18.06.2021

37 Vergl.: de. wikipedia.org/wiki/Neid
abgerufen am: 20.06.2021

38 Vergl.: *de.wikipedia.org/wiki/Gewisse*n
abgerufen am: 22.06.2021

39 Vergl.: https://www.wissenschaft-im-
dialog.de/projekte/wieso/artikel/beitrag/wo-im-menschlichen-gehirn-ist-
das-bewusstsein-lokalisiert/
abgerufen am: 23.06.2021

40 https://www.dasgehirn.info/denken/bewusstsein/das-raetselhafte-
bewusstsein
Vergl.: Autor: Dr. Christian Wolf abgerufen am 06.10.2021
Wissenschaftliche Betreuung: Prof. Dr. Tobias Schlicht Veröffentlicht:
28.08.2013 abgerufen am 06.10.2021

41 Vergl.: https://scilogs.spektrum.de/wirklichkeit/ein-argument-gehirn-
bewusstseins-substanzendualismus/
Veröffentlicht von Christian Hoppe

Geboren 1967 in Emsdetten/Westfalen. Diplom kath. Theologie 1993,
Psychologie 1997, beides an der Universität in Bonn. Nach einem Jahr
am Leipziger Max-Planck-Institut für neuropsychologische Forschung
(1997–98) bin ich seit Oktober 1998 klinischer Neuropsychologe an der
Universitätsklinik für Epileptologie in Bonn. Ich wurde an der
Universität Bielefeld promoviert (2004) und habe mich 2015 an der
Medizinischen Fakultät der Universität Bonn habilitiert (Venia legendi
für das Fach Neuropsychologie). Klinisch bin ich seit vielen Jahren für
den kinderneuropsychologischen Bereich unserer Klinik zuständig; mit
erwachsenen Patientinnen und Patienten, die von einer
schwerbehandelbaren Epilepsie oder von psychogenen
nichtepileptischen Anfällen betroffen sind, führe ich häufig Gespräche
zur Krankheitsbewältigung. Meine Schwerpunkte in Forschung und
Lehre liegen in den Bereichen klinische Neuropsychologie (z.B.

postoperativer kognitiver Outcome nach Epilepsiechirurgie im
Kindesalter) und Verhaltensmedizin (z.B. Depression bei Epilepsie,
Anfallsdokumentation). Ich habe mich immer wieder intensiv mit den
philosophischen und theologischen Implikationen der modernen
Hirnforschung beschäftigt (vgl. mein früheres Blog WIRKLICHKEIT
Theologie & Hirnforschung), eine Thematik, die auch heute noch stark
in meine Lehrveranstaltungen sowie meine öffentliche Vortragstätigkeit
einfließt.
abgerufen am: 28.12.2019

42 Vergl.: https://www.wissenschaft-im-
dialog.de/projekte/wieso/artikel/beitrag/wo-im-menschlichen-gehirn-ist-
das-bewusstsein-lokalisiert/
abgerufen am: 29.06.

43 Vergl.: https://alleantworten.de/was-ist-geist-und-seele
abgerufen am: 01.07.2021

44 Vergl.: https://de.wikipedia.org/wiki/Psyche abgerufen am:
03.07.2021

45 Vergl.: https://wiki.yoga-vidya.de/%C3%B6rper_Geist_und_Seele
abgerufen am: 03.07.2021

46 Vergl.: Anmerkung: Metzler Philosophie Lexikon: Begriffe und
Definitionen/hrsg. von Peter Prechtl und Franz-Peter Burkard
Stuttgart; Weimar: Metzler, 1996
ISBN 3-476-01257-3 Seite 71 ff. Metzler Philosophie Lexikon
Vergl. B. Snell: Die Entdeckung des Geistes (⁶1986) Kap. I–(2) Homer:
Od. XI, 222.

(20) Phaedo . – 64c 4 f. – (21) Resp. 436 a 8–b 2. – (22) a.O. 439 d 4–8;
441 e 4–6.- (23) Tim. 69 c 5–d 6.–70 a 7. – (24) Phaedr. 246 a 6f. – (25)
Vgl. Resp. 611 e 1–612 a 6. – (26) Tim. 69 c 5–d 6. – (27)Leg. 959 b 3. –
(28) Resp. 610 c 6–611 a 2; 617 d 6–618 c 6. – (29) Phaedr. 245 c 5;
246 b 6. – (30) a. O.

245 c 5–246 a 2. – (31) Tim. 34 c 4; Leg. 892 a; 894 e 4–896 b 3. – (32) Tim. 29 d 7–30 c1. – (33) a. O. 967 d 4–7. –

47 Vergl.: https://www.planet
-wissen.de/geschichte/archaeologie/troja/pwiedastrojahomers100.html
abgerufen am: 04.07.2021

48 Vergl.: https://de.wikipedia.org/wiki/Animus_und_Anima
abgerufen am: 05.07.2021

49 Vergl.: https://de.wikipedia.org/wiki/Anaximenes
abgerufen am: 06.07.2021

50 Vergl.: https://de.wikipedia.org/wiki/Demokrit
abgerufen am: 06.07.2021

51 Vergl. https://de.wikipedia.org/wiki/Phaidon
abgerufen am: 06.07.2021

52 Vergl. https://de.wikipedia.org/wiki/Seele
abgerufen am: 15.07.2021

53 Vergl.: https://artsandculture.google.com/entity/m07084?hl=de
https://de.wikipedia.org/wiki/Seele
abgerufen am: 13.05.2021

54 Vergl.: https://de.wikipedia.org/wiki/Guf#cite_note-2
abgerufen am: 06.04.2020

55 Vergl.: https://www.uni-
heidelberg.de/md/theo/einrichtungen/ts/faecher/st/65_die_seele_als_leib
.pdf Philipp Stoellger/Autor: Prof. Dr. Philipp Stoelger

abgerufen am: 27.07.2021

56 Vergl.: https://www.stefanklein.info/node/297
Erschienen in: Stern 17.02.2011
abgerufen am: 11.03.2021

57 Vergl.: https://de.wikipedia.org/wiki/Seele
abgerufen am: 28.07.2021

58 Vergl.: https://www.argumentarium.ch/philosophie/leib-seele/77-dualismus

Literatur

Beckermann, Ansgar. 2008. *Analytische Einführung in die Philosophie des Geistes*. 3. Aufl. de Gruyter.

Bunge, Mario und Martin Mahner. 2004. *Über die Natur der Dinge. Materialismus und Wissenschaft*. 1. Aufl. Hirzel, Stuttgart.

Eben, Alexander. 2013. *Blick in die Ewigkeit: Die faszinierende Nahtoderfahrung eines Neurochirurgen*. 10. Aufl. Ansata.

Engmann, Birk. 2011. *Mythos Nahtoderfahrung*. 1. Aufl. Hirzel S. Verlag.

Searle, John R. 2006. *Geist: Eine Einführung*. 2. Aufl. Suhrkamp Verlag.

Stamm, Hugo. 2000. *Achtung Esoterik: Zwischen Spiritualität und Verführung*. 3. Aufl. Pendo Verlag.

abgerufen am: 27.07.2021

59 Vergl.: https://de.wikipedia.org/wiki/Höhlengleichnis
abgerufen am: 28.07.2021

60 Vergl.: https://de.wikipedia.org/wiki/Seele
abgerufen am: 28.07.2021

61 Vergl.: https://de.wikipedia.org/wiki/Eliminativer Materalismus
Psyche
abgerufen am: 28.08.2021

62 Vergl.: https://www.schwabeonline.ch/schwabe-
xaveropp/elibrary/start.xav?start=%2F%2F*%5B%40attr_id%3D
%27verw.seelenspitze%27%20and%20%40outline_id%3D
%27hwph_verw.seelenspitze%27%5D

Historisches Wörterbuch der Philosophie onlinecite/ris/10.24894-
hwph.3759.ris?docId=verw.seelenspitze Seelenspitze 3759
10.24894/HWPh.3759

Online-Version:

Peter Heidrich (1995):»Seelenspitze«, in: J. Ritter/K. Gründer (Hg.):
Historisches Wörterbuch der Philosophie, Basel: Schwabe Verlag. DOI:
10.24894/HWPh.3759

Druckversion:

Peter Heidrich (1995):»Seelenspitze«, in: J. Ritter/K. Gründer (Hg.):
Historisches Wörterbuch der Philosophie, Bd. 9, Sp. 110–, Basel:
Schwabe Verlag.

Online-Version:
Peter Heidrich (1995):»Seelenspitze«, in: J. Ritter/K. Gründer (Hg.):
Historisches Wörterbuch der Philosophie, Basel: Schwabe Verlag. DOI:
10.24894/HWPh.3759
Druckversion:
Peter Heidrich (1995):»Seelenspitze«, in: J. Ritter/K. Gründer
(Hg.): Historisches Wörterbuch der Philosophie, Bd. 9, Sp. 110–, Basel:
Schwabe Verlag.
abgerufen am: 15.04.2021

63 Vergl.: https://de.wikipedia.org/wiki/Stoa
abgerufen am: 15.04.2021

64 Vergl.: https://praxistipps.focus.de/reinkarnation-

einfachedefinitiondes-begriffs_128390

abgerufen am: 15.04,2021

65 Vergl.: https://de.wikipedia.org/wiki/Seelenverwandtschaft
abgerufen am: 15.04.2021

66 Vergl.: https://de.wikipedia.org/wiki/Panpsychismus
abgerufen am: 25.07.2021

67 Vergl.: https://lexikon.stangl.eu/27251/panpsychismus (2021-05-13)
Verwendete Literatur
Stangl, W. (2021). Stichwort: ›Panpsychismus – Online Lexikon für
Psychologie und Pädagogik‹. Online Lexikon für Psychologie und
Pädagogik.

Verwendete Literatur
https://de.wikipedia.org/wiki/Panpsychismus (17-04-12)
https://www.herder.de/hk/hefte/archiv/2017/9-2017/ueberall-geist-die-
renaissance-des-panpsychismus/ (17-12-14) © Werner Stangl Wien Linz
Freiburg 2021 (Stangl, 2021).
abgerufen am: 13.05.2021

68 Vergl. Anmerkung D. Skrbina: Panpsychism in the West.

MIT Press, Cambridge 2005, Kapitel 10; W. Seager:

Panpsychism. (PDF; 152kB)
Vergl. https://de.wikipedia.org/wiki/Panpsychismus

Einzelnachweise:

1 David Skrbina: Panpsychism. In: Internet Encyclopedia of Philosophy.

2 D. R. Griffin: Whitehead's Radically Different Postmodern
Philosophy. SUNY Press, New York 2007.

3 K. Wilber: Eros, Kosmos, Logos: Eine Vision an der Schwelle zum
nächsten Jahrtausend. Krüger, Frankfurt 1998. 3

4 Holons, Haufen und Artefakte

5 D. Skrbina: Panpsychism in the West. MIT Press, Cambridge 2005, Kapitel 10; W. Seager: Panpsychism. (PDF; 152kB)

Vergl.: https://de.wikipedia.org/wiki/Panpsychismus
abgerufen am: 25.07.2021

69 Vergl.: Literatur: Brüntrup, Jaskolla, Panpsychism, Oxford University Press 2016, Brüntrup, Das Leib-Seele-Problem, 5. Aufl. Stuttgart: Kohlhammer 2012, Müller, Watzka, Ein Universum voller Geiststaub, Paderborn: Mentis 2011

70 Vergl.: https://www.hfph.de/hochschule/lehrende/prof-dr-godehard-bruentrup-sj/articles/2017c.pdf
Erschien in Herder Korrespondenz 9/2017, S. 44–47. Die Redaktion hat leider sinnentstellende Veränderungen am Text vorgenommen und auch nach meinen entsprechenden Hinweisen bei den Korrekturbögen versäumt, diese wieder zu korrigieren.
Orientieren Sie sich daher bitte an diesem und nicht am gedruckten Text.

Literatur:
Brüntrup, Jaskolla, Panpsychism, Oxford University Press 2016
Brüntrup, Das Leib-Seele-Problem, 5. Aufl. Stuttgart: Kohlhammer 2012
Müller, Watzka, Ein Universum voller Geiststaub, Paderborn: Mentis 2011
abgerufen am: 26.07.2021

71 Vergl.:https://brill.com/view/book/edcoll/9783657782604/B9783657 782604-s007.xml
abgerufen am: 16.05.2021

72 Vergl.: https://de.wikipedia.org/wiki/Monismus

abgerufen am: 24.07.2021

73 Vergl.: https://de.wikipedia.org/wiki/Monismus

abgerufen am: 26.07.2021

74 Vergl.: https://quizlet.com/de/177162795/seele-und-korper-problem-flash-cards/ Thomas Nagel
abgerufen am: 18.05.2021

75 Vergl.: Buch »Was bedeutet das alles« S. 38 ff. Autor: Thomas Nagel/Verlag: Reclam

76 Vergl.: https://www.ev-akademiker.de/thomas-nagel-das-psychophysische-problem/

abgerufen am: 17.05.2021

77 Vergl.: »Die Raupe nennt es das Ende, der Rest der Welt Schmetterling«, S. 294 ,Verlag: BoD Autor: Johannes Engel-Gesstüm

Eventuelle Buchempfehlungen

1 Ich ist nicht Gehirn: Philosophie des Geistes für das 21. Jahrhundert, Autor: Markus Gabriel, Verlag: Ullstein

2 Warum es die Welt nicht gibt, Autor: Markus Gabriel, Verlag: Ullstein

3 Philosophie des Geistes: Das Leib-Seele-Problem, eine Einführung, 2. Auflage, Autor: Prof. Dr. Godehard Brüntrup, Verlag: Kohlhammer

4 Der Mensch lebt nicht vom Hirn allein, Autor: Patrick Spät, ISBN: 9783741849046

5 Der Mensch lebt nicht vom Hirn allein: Wie der Geist in den Körper kommt. Autor: Patrick Spät, Verlag: Parodos

6 Wir alle sind Sternenstaub: Gespräche mit Wissenschaftlern über die Rätsel unserer Existenz, Autor: Stefan Klein, Verlag: Fischer, ISBN 978-3-596-18070-7

7 Der Matrix Code, Autor: Dieter Broers, Verlag: Trinity

8 Gedanken erschaffen Realität, Autor Dieter Broers, Verlag Heyne

9 Eine ganz kurze Einführung in die Philosophie. [Was bedeutet das alles?], Thomas Nagel, Reclams Universal-Bibliothek, Band 19000

Der Autor

Geboren 1952 in Köln. Verheiratet, keine Kinder. Nach Abitur und einer kaufmännischen Ausbildung habe ich verschiedene Seminare belegt wie Personal- und Produktmanagement, Rechnungswesen, Unternehmensaufbau und Seminare für relevante psychologische, wirtschaftliche Erklärungsmodelle sowie der Umgang mit verschiedenen Persönlichkeitstypen. Danach war ich 20 Jahre im kaufmännischen Bereich als Angestellter eines großen Konzerns im gehobenen Management tätig. Von 1994 bis Ende 2017 habe ich als selbständiger Mitarbeiter eines Teams in der freien Marktwirtschaft Personen und Firmen, besonders bei Existenzgründungen, beraten.

Ich beschäftige mich – mit großem Interesse – seit vielen Jahren mit den Themen: Bewusstsein, Psyche/Seele und Geist. Dieses Buch ist der Versuch, die ganze Thematik besonders im Hinblick auf seine Komplexität etwas verständlicher darzustellen.